대통령이
다스리는 나라
총리가
다스리는 나라

북네스트 청소년

대통령이 다스리는 나라
총리가 다스리는 나라

2018년 2월 20일 초판 1쇄

지은이 김래주
발행인 겸 편집인 김낙봉
디자인 박길순, 성화숙
일러스트 이수정
사진 Fotolia.com, 국립중앙박물관
감수 조원빈
교정 우정민
발행처 북네스트(가라뫼)
출판등록 2006. 3. 15(제2006-5호)
주소 경기도 고양시 일산서구 강성로 232번길 16-2
전화 070-8200-6727
팩스 031-622-9863
독자문의 laejoo@naver.com

ISBN 978-89-93409-23-9 43300

사람을 행복하게 하는 출판사 북네스트

이 도서의 국립중앙도서관 CIP는 서지정보유통지원시스템 홈페이지(http://seoji.nl.go.kr)와
국가자료공동목록시스템(http://www.nl.go.kr/kolisnet)에서 이용하실 수 있습니다.
(CIP제어번호: CIP2017032566)

청소년을 위한 정치의 역사

대통령이 다스리는 나라 총리가 다스리는 나라

김래주 지음
조원빈 감수

북네스트

이야기를 열며

민주주의는 인류가 만든 가장 덜 나쁜 정치제도

세계에는 민주주의를 시행하는 나라가 많습니다. 그런데 같은 제도로 정치를 하면서도 결과는 다릅니다. 민주주의가 잘되는 나라가 있고 잘 안 되는 나라가 있습니다. 왜 그런 차이가 생길까요?

차이는 그 나라 사람들의 정치의식이 만들어 내는 것 같습니다. 민주주의는 인류가 고안한 가장 덜 나쁜 정치체제일 수는 있어도 완벽한 제도인 것은 아닙니다. 아니, 세상에 그런 제도는 없습니다. 그 허점을 통치자와 국민들이 얼마나 잘 메우느냐에 따라 전혀 다른 결과가 나타난다고 하겠습니다.

그런 면에서 우리나라의 정치는 극과 극의 모습을 보여 왔습니다. 세계가 부러워하는 경제적 성공과 민주주의를 이루어 낸 반면 두 번의 군사정변과 독재자들의 집권으로 국민을 힘들게 하기도 했습니다. 또, 정치인들이 국민을 위해 봉사하기보다는 정치적 이익에 지나치게 몰두해 실망을 안기기도 합니다. 그래서 정치에 관심을 두지 않으려는 사람도 적지 않습니다.

그러나 외면한다고 나쁜 정치가 좋은 정치가 되지는 않습니다. 알아서 잘하겠지, 막연히 기대하는 것도 옳지 않고요. 감시 기능이 약해지면 국민을 불행에 빠뜨리는 게 정치의 역사이기도 하니까 말이죠.

가까운 예로 2014년의 세월호 침몰과 2016년의 대통령 국정농단 사건은 정치의 부재를 생생하게 드러낸 일이었습니다. 세월호 사건에는 각종 불법 행위와 안전 관리에 소홀한 정부의 무능이 있었고, 대통령 국정농단 사건에는 통치자의 권한 남용과 그 감시에 태만한 정치인들이 있었습니다.

정치가 똑바로 서지 못하면 나라와 국민에게 어떤 불행을 끼칠 수 있는가를 낱낱이 보여 준 두 사건입니다.

정치는 국민이 깨어 있어야 궁극적으로 국민의 삶과 나라의 발전에 기여할 수 있습니다. 그렇다면 정치에 대해 깨어 있는 국민과 나라는 어떤 모습일까요.

그것은 정치제도와 민주주의에 대한 바른 인식과 지식을 토대로 합리적인 판단을 하는 사람이 많고, 부당한 정치는 국민의 뜻으로 분쇄시킬 수 있는 저력을 가진 나라를 말합니다.

그런 나라가 되자면 정치를 보는 국민의 식견이 높아야 합니다. 정치는 국민의 삶과 밀접하게 연관되어 있기 때문에 누구도 무관심할 일이 아니며 참여에 소외되어도 안 됩니다.

이에 장차 나라의 주인이 될 청소년들에게 정치 이야기를 건네 보고자 합니다. 아직 어린데 무슨, 할지 모르나 그렇게 속단할 일이 아닙니다. 우리는 사회 구성원으로서의 책임과 의무가 큰 현대에 살고 있고, 합리적인 민주 시민은 저절로 되는 게 아니라 학습과 함께 성장해 가는 것이니까요.

정치의 의미, 국가의 탄생, 민주주의의 원형인 고대 로마의 공화정, 가장 오랜 정치제도인 군주제, 현대의 대표적인 정부 형태인 대통령제와 의원내각제의 탄생 배경과 과제, 삼권분립, 지방자치제도, 그 외에 세계의 다양한 정치제도 등 역사와 인간의 삶 속에 호흡해 온 정치 본연의 이야기를 청소년의 눈높이에 맞춰 책에 담았습니다.

이를 통해 학생들이 정치의 가치성을 올바로 이해하고 합리적인 시민으로 성장해 가는 데 도움을 주고자 합니다.

영국 수상을 지낸 윈스턴 처칠은 말했습니다.

"20대에 진보적이지 않으면 심장이 없는 사람이고, 40대에 보수적이지 않으면 머리가 없는 사람이다."

젊어서는 잘못된 것들을 개혁하고자 하는 열정, 나이가 들어서는 사회 구성원으로서의 책임의식과 도덕적 의무 같은 가치를 소중히 해야 한다는 말로 해석할 수 있습니다. 그런 판단도 따지고 보면 정치와 사회에 대한 인식이 성숙해져야 가능한 일일 것입니다.

어떤 이는 진보와 보수를 좌파와 우파로 구분하고 같은 편이 아니면 적으로 돌리기도 하지만 그런 식의 구분은 그야말로 유치한 판단입니다. 우리나라에서 유독 심한 정파 간의 갈등도 따지고 보면 국민을 이롭게 해야 한다는 정치의 본질을 놓치고 있기 때문에 일어나는 일입니다.

이 책이 부디 청소년들에게 정치에 대한 참된 이해를 키워 줄 수 있기를 바라며, 독자 중에 장차 우리나라를 이끄는 멋진 리더가 나오기를 기대합니다.

저자 김래주

감수의 말

청소년이 정치를 올바르게 이해하는 출발점

2016년 말부터 시작되어 2017년 5월 제19대 대통령선거로 이어진 우리 국민들의 정치 참여 모습은 청소년들이 민주주의와 정치의 중요성을 직접 경험하고 관찰할 수 있었던 좋은 기회였다. 적지 않은 수의 청소년들이 촛불집회에 참여하고 심지어 발언대에 올라 스스로의 의견을 자신 있게 발표하기도 했다.

이처럼 우리 청소년들이 정치에 관심을 갖고 직접 참여하는 모습은 우리나라의 투표 연령을 현행 19세에서 18세로 낮추자는 주장으로까지 이어졌다. 이를 뒷받침하듯 19대 대통령선거에서 20대의 투표율이 76.1%로 지난 18대 대선의 68.5%에 비해 7.6%포인트나 오른 것으로 나타났다. 우리 젊은이들의 정치 참여 의식이 행동으로 옮겨진 결과다.

그럼에도 불구하고 청소년 교육에서 정치와 민주주의를 다루는 시간이 많지 않고 청소년의 눈높이에 맞는 도서도 제대로 제공되고 있지 못한 것이 현실이다.

이런 때 정치와 민주주의에 대한 청소년들의 관심에 부응하고 각 정치제도 및 현실정치에 대한 지적 호기심을 채워 줄 책이 나와 눈길을 끈다.

본 도서는 정치의 기원과 다양한 통치제도를 역사적인 관점에서 소개함으로써 청소년들에게 추상적이고 어려울 수도 있을 정치와 민주주의를 이해하기 쉽게 전하고 있어 그 가치가 높다.

또한 민주주의를 오래 경험해 온 유럽의 사례뿐 아니라 아프리카와 남아메리카, 공산국가와 독재국가 등 소홀하기 쉬운 부분까지 내용에 담아 청소년들이 보다 폭넓은 시각으로 다양한 정치체제의 유형을 비교할 수 있는 기회를 제공하고 있다.

최근 우리 사회는 1987년에 개정된 헌법을 다시 개정할 필요성이 있는지에 대한 논의가 활발하게 진행되고 있다. 본 도서는 우리 헌법의 주요 내용 중 하나인 정부 형태에 대한 청소년들의 이해를 돕기 위해 대통령제와 의원내각제, 이원집정부제 등의 기원과 작동 방식의 차이점, 각 정부 형태의 장단점을 알기 쉽게 설명하고 있다.

마지막으로 본 도서는 우리 사회가 직면한 정치 현실을 간략히 제시하고 이를 개선하기 위해 우리 청소년들이 어떤 인식을 가져야 하는지 생각할 기회를 제공하고 있다.

우리 사회뿐 아니라 대부분의 민주주의 국가에서 정치, 특히 정치인에 대한 비판적인 시각은 일관되게 관찰된다. 국민들의 정치인에 대한 비판이 정치에 대한 무관심으로 연결되어서는 곤란하다. 정치 무관심이 나라를 더 나쁘게 만들 수는 있어도 결코 좋은 나라로 만들지는 못하기 때문이다.

더욱이 미래 사회를 이끌어 갈 청소년들이 정치를 올바르게 이해하고 정치인들의 잘못된 결정을 비판하며, 투표나 시민사회 참여를 통해 직접 정치를 경험하는 것은 사회 발전은 물론 민주시민으로 성장해 나가는 데 매우 중요하다.

그러자면 정치에 대한 최소한의 식견과 이해를 먼저 갖추어야 한다. 아는 만큼 더 잘 판단할 수 있기 때문이다. 그런 면에 청소년 눈높이에서 정치를 이해할 수 있게 쓴 이 같은 도서의 출간은 매우 바람직하다. 유익한 만남이 되기를 바란다.

조원빈
(성균관대학교 정치외교학과 교수)

차 례

제1장 정치의 탄생

제2장 제왕이 곧 국가이던 시대

제3장 시민혁명으로 쟁취한 주권정치

제4장 영국식 민주주의 미국식 민주주의

제5장 정치의 여러 얼굴

제6장 국민을 행복하게 해야 정치다

제 1 장

정치의 탄생

동물보다 약한 존재였던 인류는
농경을 알게 되면서 정착생활을 하고,
공동의 이익을 위해 부족 집단으로 나아갔다.
그 과정에 부족 간의 경쟁에서 이겨
더 나은 환경을 만들려는 욕망도 같이 깨어났다.
그러자니 누군가는 리더가 되었을 것이며,
집단의 운용을 위해 계급을 만들고
자산을 축적할 필요도 있었을 것이다.
나라의 원형인 군장국가가 등장하기까지!

아이돌 스타가 될까 대통령이 될까

"난 나중에 선생님이 될 거야."

"나는 아이돌."

"음, 난 아나운서가 제일 좋아 보여."

사람들은 저마다 꿈이 있습니다. 배가 항해를 할 때 가고자 하는 좌표를 설정하듯이 사람에게 꿈은 인생의 좌표입니다. 꿈이 있으면 의식도 더 강해집니다. 꿈을 이루기 위해 부단히 노력하게 되니까요.

요즘엔 이름을 날리고 돈도 잘 버는 연예인이나 운동선수가 되겠다는 청소년들이 많습니다. 우리나라의 방송드라마나 케이팝K-pop이 국제적인 인기를 얻고, 축구의 손흥민, 야구의 류현진, 골프의 박인비처럼 세계 최고의 무대에 진출하는 운동선수가 늘면서 실현 가능한 일로 비쳐지기 때문인 것 같습니다.

하지만 원한다고 다 스타가 될 수 있는 건 아니겠죠. 중학생쯤 되어 자신에게 특정 분야에 대한 소질이 있는지 없는지 웬만큼 알게 된 뒤에는 현실적인 꿈을 얘기하더군요. 대학에 다니는 형이나 언니가 취업 문제로 고민하는 것을 보게 되어선지 최근에는 교사나 공무원이 되겠다는 아이들이 많은 것 같습니다.

이렇게 보면 정치인에 대한 관심은 확실히 한참 아래에 있습니다. 과거에는 정치가가 꿈이라고 말하는 아이들도 많았는데 말이죠.

사회의 발달로 직업의 종류가 다양해지기도 했지만, 거의 매일 TV뉴스에 나오는 정치인들이 좋은 모습을 보이지 못하는 때가 잦기 때문인 것 같습니다. 그러다 보니 국민의 지탄도 많이 받곤 하죠. 오죽하면 "정치인이 양심적이기를 바라는 것은 사자가 온순하기를 바라는 것과 같다."라는 말이 있을까요.

사실 그런 모습은 정치의 원래 뜻에서 한참 벗어난 말입니다. 한자의 정사 정政, 다스릴 치治 두 글자를 보면 바를 정正과 물 수氵변이 들어 있습니다. 물이 흐르듯 순리에 맞게 나라를 다스리는 게 정치라는 뜻이죠.

정치를 뜻하는 영단어 politics는 도시국가를 의미하는 그리스어 polis에서 유래합니다. 고대 로마나 그리스의 도시국가라 하면 시민(당시는 남자들만)이 참여하는 직접민주주의가 떠오르네요. 작은 지역이면서 인구가 적어서 가능했겠지만 구성원의 생각을 고루 반영하는 정신이 깃든 말이 또한 정치입니다.

정치란 이처럼 국민의 뜻을 잘 받들어서 정직하게 나라를 다스리는 것이지요. 일단 이 원칙을 머릿속에 잘 간직해야겠습니다.

시대를 불문하고 정치는 매우 중요합니다. 국민의 삶과 관련되는 여러 가지를 결정하는 일을 하니까요.

그럼에도 정치인들이 입으로는 국민을 위한다면서 곧잘 이기적인 결정을 내리는 것은 정권(정치권력)을 차지하겠다는 욕심이 앞서기 때문입니다. 실제로 선거 때만 되면 당선을 위해 유권자들이 우선 솔깃해할 공약을 마구 쏟아 내고 이해할 수 없는 사업을 시행하기도 합니다.

예컨대 지방자치단체의 재정이 좋지 않은데도 지역 발전을 내세우며 큰돈이 들어가는 국제행사를 개최하고, 관광객을 유치한다면서 치밀한 계획도 없이 시설을 만들었다가 세금만 낭비하는 경우 등이 그런 폐단입니다.

정치인들이 모인 정당이 권력을 노리는 게 나쁜 건 아닙니다. 정당 간의 대결에서 이겨 집권세력이 되는 건 정당의 존재 이유니까요. 다만 국민의 행복을 우선으로 하면서 목표로 나아가야 할 텐데 종종 그렇지 않은 모습을 보이는 게 문제인 거죠.

그럴수록 국민이 정치에 대한 감시자 역할을 제대로 할 수 있어야 합니다. 감시는 대통령, 지방자치단체장, 국회의원과 지방의원 등을 뽑는 각종 선거 때 투표를 통해서 하는 게 대표적인 방법입니다. 즉, 국민을 위해 제대로 일할 사람을 당선시키고,

무능하거나 자기 이익을 먼저 생각하는 정치인은 떨어뜨려야 하는 거죠.

그러자면 국민이 정치에 대해 식견을 가지고 있어야 합니다. 그래야 선거 때 바른 판단을 할 수 있고, 또 정치에 깨어 있는 국민이 많아야 정치인들이 함부로 부정한 행동을 하지 못하게 됩니다. 이는 작게는 나의 이익, 크게는 국가 이익과 관계되는 일입니다.

그런 까닭에 정치인이 꿈이 아니더라도 정치에 대해 알 필요가 있는 것입니다.

고대 도시국가에서 직접민주주의의 현장이 되었던 아고라(광장). ©Fotolia

정치인으로서 가장 빛나고 책임이 막중한 위치는 최고통치자입니다. 우리나라 경우라면 대통령이고, 영국이나 일본처럼 의원내각제를 시행하는 나라는 총리(수상도 같은 뜻이나 요즘은 주로 총리로 표현)가 통치자에 해당합니다. 민주국가라면 누구에게나 기회가 열려 있는 자리이기도 합니다.

여전히 왕이 나라를 다스리는 왕정국가라면 물론 왕이 통치자입니다. 하지만 왕은 아버지나 어머니가 왕이어서 자리를 물려받는 게 보통이니 왕자나 공주로 태어나지 않았다면 꾸기 어려운 꿈일 테죠.

한 나라의 통치자가 된다는 것은 정말 어마어마한 일인 것 같습니다. 어떻게 나라를 다스리느냐에 따라 국민의 삶이 달라질 수 있으니까요.

실제로 그런 예가 많습니다. 훌륭한 통치자를 만나서 국민들이 더 평화롭고 잘 살게 된 나라가 있는가 하면, 반대로 독재자나 무능한 통치자가 나와서 국민을 불행하게 하고 심지어 주변국까지 전쟁과 죽음으로 몰아넣은 경우도 있으니까요.

미국의 조지 워싱턴 초대 대통령(1732~1799년), 영국의 윈스턴 처칠 수상(1874~1965년), 남아프리카공화국 최초의 흑인 대통령이었던 넬슨 만델라(1918~2013년)가 존경받는 지도자들이라면, 나치 독일의 아돌프 히틀러 총통(1889~1945년), 필리핀의 페르디난드 마르코스 대통령(1917~1989년), 이라크의 사담 후세인 대통령(1937~2006년) 등은 수많은 사람을 불행에 빠뜨린 통치자들입니다.

워싱턴은 민주주의에 기반한 미국식 대통령제도의 토대를 닦았고, 처칠은 제2차 세계대전 때 영국 국민을 단결시켜 독일의 공격을 물리치는 리더십을 보여 줬고, 남아프리카공화국의 흑백인 종차별에 항거하다가 27년이나 옥살이를 했던 만델라는 대통령이 된 뒤 보복보다는 인종 간의 화합을 이끌었습니다.

반면 히틀러와 후세인은 주변국들을 침략했다가 종내는 외국 군대의 반격을 받아 국민을 전쟁의 참화에 빠뜨렸고, 마르코스는 21년간 장기 집권하며 독재와 부정부패를 일삼아 조국을 오히려

미국의 조지 워싱턴 초대 대통령(보스턴 소재 동상). 좋은 정치는 국민이 관심을 갖는 만큼 자란다. ©Fotolia

가난한 나라로 후퇴시켰습니다.

그런데 통치자 이야기를 하다 보니 대통령, 총리, 총통 등 다양한 직위 명칭이 나옵니다. 또, 왕이 다스리거나 '주석' 등 다른 명칭을 쓰는 통치자를 가진 나라도 있습니다.

기본적으로는 그 나라가 선택한 정치제도에 따른 것이지만 명칭이 다른 만큼 나라를 다스리는 방법도 다릅니다. 각 나라마다 같거나 다른 정치제도! 이런 얘기를 들려주려 합니다. 아마 매우 흥미 있는 탐구가 될 것입니다.

정치란 물이 흐르듯 순리에 맞게 다스리는 것!

정치 이전에 영토, 국민, 주권

대한이는 엉뚱한 학생입니다. 한번은 친구들한테 이런 말을 했습니다.

"나중에 돈을 많이 벌면 섬 하나를 사서 나라를 세울 거야. 내 땅인데 뭐 어때. 히히. 당연히 대통령은 나지. 아니, 왕을 할까?"

대한이가 진짜 부자가 되어 섬을 샀다고 가정할 때 계획은 과연 가능한 일일까요? 섬이 제법 커서 자연 속의 생활을 동경하는 사람들을 모집한다면 아늑한 마을이 만들어질 수 있을 것입니다. 주민들이 청정지역에서 생산한 수확물을 육지의 시장에 내다 팔고 그 돈으로 필요한 물품을 사 들여오면 부족함 없이 살 수 있을지도 모릅니다.

그래도 섬의 주인은 대한이니 나름대로 섬을 잘 이끈다면 사람들도 믿고 따를 것입니다. 섬을 위해 주민들한테 정기적으로 돈을 내게 해서 육지를 오가는 배를 사거나 위험한 곳을 보수하는 비용으로 쓸 수도 있을 것입니다. 섬의 안전과 질서를 위해 주민들과 합의해 섬만의 법칙도 만들 수 있습니다.

규모만 작을 뿐 그만하면 미니국가라 해도 손색이 없어 보입니다. 대한이는 희망하던 대로 나라를 세운 것이라 할 수 있을까요?

정치제도를 이야기하자면 나라에 관한 개념을 먼저 이해하고 들어가야 할 것 같습니다. 다스릴 나라가 있어야 정치도 존재하는 거니까요. 그럼 어떤 조건이 갖추어져야 나라라고 할 수 있을까요?

우리는 현대에 살고 있으니까 현대적인 의미의 나라를 기준으로 일단 정의해 놓고 이야기를 이어 가겠습니다.

국가로서의 자격을 가지자면 먼저 국제적으로 인정받을 수 있어야 합니다. 어떤 사람이 넓은 땅이나 섬을 사서 '오늘부터 내 나라'라고 선포한다고 하여 다른 나라나 UN(국제연합)이 인정하는 건 아닙니다.

나라로 인정받자면 적어도 세 가지를 갖추어야 합니다. 영토·국민·주권이 그 조건입니다. 영토와 국민은 이해하겠는데 주권이라는 말은 좀 어렵죠? 뒤에서도 자주 나오는 단어이니 확실히 알고 가야겠습니다.

주권主權은 한자 말뜻 그대로 '주인으로서의 권리'를 의미합니다. 나라의 주인은 국민입니다. 이를 합해서 풀이하면 주권은 '국

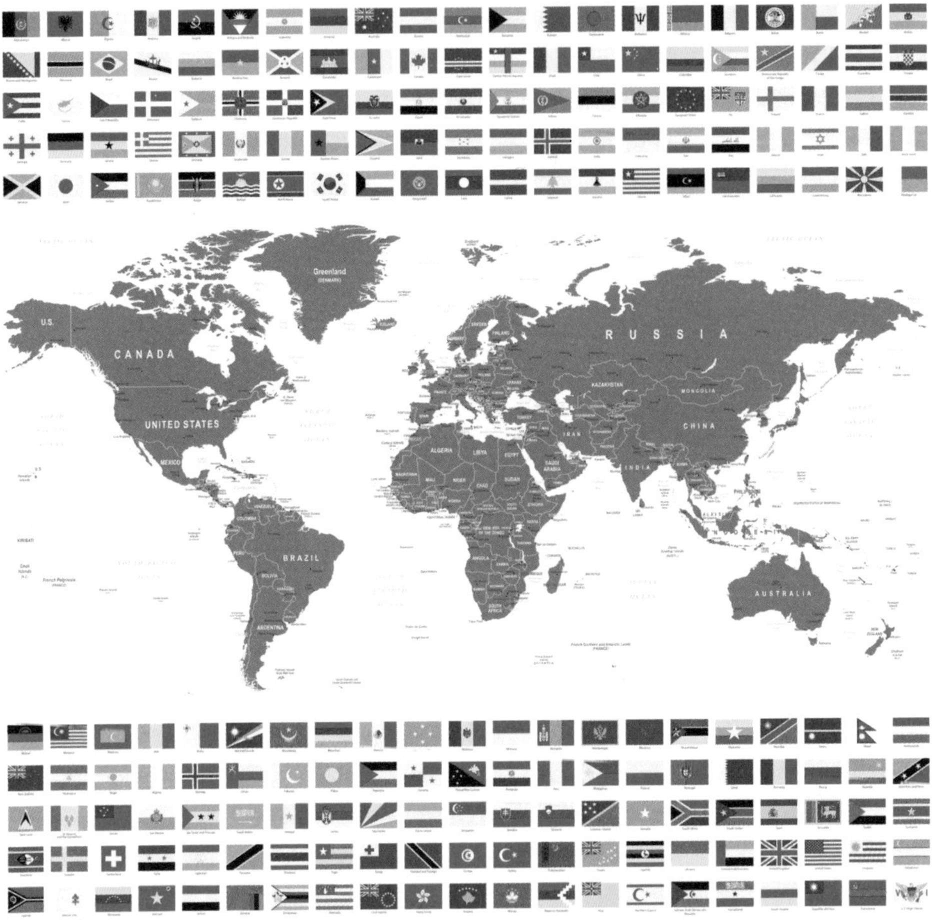

국가는 영토 · 국민 · 주권의 보유에 더해 국제적으로 인정받을 수 있어야 한다. ©Fotolia

민이 자기 나라와 관련된 일들을 스스로 결정할 수 있는 권리'라고 할 수 있습니다.

예를 들면 '나라의 정치제도와 지도자를 선택할 수 있는 권리', '국가로서의 독립성을 누릴 권리', '다른 나라로부터 간섭받지 않을 권리' 등과 같은 것들입니다. 또, 주권이 그 나라의 국민에게 있다는 의미인 국민주권, 주권이 영토에 닿는다는 영토주권, 나라 주변의 바다에도 닿는다는 해양주권과 같은 말도 씁니다.

이런 주권이 원활히 작동되자면 통치자에서부터 말단기관까지 정부 조직도 잘 갖추어져 있어야 합니다.

일본 식민지시대 때 우리나라는 이 주권을 빼앗겨 누리지 못했습니다. 스스로 정치제도를 선택할 수 없었고, 일본의 간섭을 받았고, 나라의 자산을 강탈당했습니다. 심지어 목숨마저 남의 손에 달려 우리 젊은이들이 일본이 일으킨 전쟁에 끌려가 희생되어야 했습니다. 끝나지 않은 비극인 일본군위안부 문제도 나라를 잃었기 때문에 생긴 일이었습니다.

그러다가 해방과 함께 나라와 주권을 되찾았습니다. 나라를 잃어 봤기에 새삼 더욱 소중하게 느껴지는 주권입니다.

이와 관련해 우리나라는 언제를 건국 시기로 봐야 하느냐 하는 논란이 있습니다. 3·1운동을 계기로 1919년 4월 13일 중국 상하이上海에서 수립된 임시정부와 광복 후인 1948년 8월 15일 선포된 정부 수립이 대응되는 문제입니다.

임시정부를 내세우는 쪽은 광복 때까지 국내외의 독립운동을 지휘한 망명정부로서의 존재성을 중시하고, 1948년의 정부 수립을 내세우는 쪽은 영토·국민·주권이라는 조건을 따지지 않을 수 없다고 말합니다.

헌법에는 우리 정부가 '임시정부의 법통을 계승'하고 있다고

일본 식민지시대 때 중국에서 활동했던 상하이 임시정부 요인들과 지금도 현지에 남아 있는 임시정부 청사.

되어 있습니다. 건국의 조건으로 치면 1948년이지만 임시정부가 국민의 정신적 정부로 건국의 꼭대기에 있다는 것을 말해 주는 헌법입니다.

나라가 존재하는 데 주권과 함께 꼭 갖추어야 할 조건인 영토와 국민의 의미도 위에 이미 나왔네요. 주권의 당사자인 국민이 있어야 하고, 국민이 살아갈 수 있는 고유한 땅이 있어야 나라라고 할 수 있는 것입니다.

이런 조건 모두를 갖추고 국제적으로도 인정받는 나라를 주권국가라고 합니다. 우리의 조국인 대한민국은 당연히 주권국가입니다.

그럼 위에서 예로 든 대한이의 섬은 어떨까요? 땅이 있고 주민도 있지만 주권을 인정받지 못하겠네요. 섬이 사유재산이라 해도 어느 나라엔가 속해 있을 것이며, 그렇다면 그 나라에서 섬에 주권과 외교권을 허락하지 않을 테니까요. 주권을 인정받지 못하는 직접적인 증거도 있습니다. 섬이 속해 있는 나라에서 주민들에게 세금을 부과할 테고, 만약 내지 않는다면 탈세가 되어 법적인 불이익을 받게 될 것입니다.

나라가 존재하는 데 꼭 필요한 한 가지가 더 나왔네요. 바로 국민이 내는 세금에 관한 이야기입니다.

나라를 운영하려면 돈이 많이 들어갑니다. 도로, 지하철, 학교, 발전소 등 공공시설을 만들고, 국가 수호와 국민 안전을 위해 군대와 경찰 같은 기능을 유지해야 하고, 노인이나 가난한 사람 등 어려운 이들도 보살펴야 합니다.

이런 여러 일에 필요한 돈을 국민들에게서 고루 걷는 것이 세금입니다. 그러므로 세금 내는 걸 피하는 행동은 국민답지 못하고, 나아가 나라를 위태롭게 하는 일입니다. 또, 국민연금과 건강보험 같은 사회보장비용도 국민이 고루 부담해야 합니다.

세금과 사회보장비용에 대해서는 '더 알아보기'를 통해 별도로

소개하니 참고하세요.

나라에 대한 추가 지식 몇 가지도 전합니다.

나라 중에는 여러 민족과 인종으로 구성된 미국과 같은 국가가 있는가 하면 국민의 90% 이상이 같은 민족인 우리나라와 같은 단일민족 국가가 있습니다. 또, 아프리카처럼 전 시대 유럽국들의 지배를 겪는 과정에 같은 민족, 같은 부족이 다른 나라로 나뉜 경우도 있습니다.

얼핏 생각하면 단일민족 국가가 가장 보편적인 것 같지만 사실은 그렇지 않습니다. 한국 외에 아이슬란드, 알바니아, 폴란드, 덴마크, 포르투갈, 아르메니아 등이 단일민족 국가라 할 만합니다. 그보다는 여러 민족과 인종이 국민을 구성하는 혼합민족 국가에 사는 사람들이 더 많습니다. 미국, 중국, 인도, 브라질, 멕시코 등은 대표적인 혼합민족 국가입니다.

그런가 하면 우리나라의 1개 동 정도에 불과한 미니국가도 있습니다.

프랑스 남부에 위치한 인구 3만 명의 모나코, 남태평양에 있는 인구 1만 2,000명의 섬인 나우루공화국, 이탈리아 내륙에 위치한 인구 2만 6,000명의 산마리노공화국 같은 곳이 그런 나라들입니다. 그래도 국제적으로 주권을 인정받는 엄연한 UN 회원국들입니다.

나우루공화국은 한때 인광석이라는 자원 수출로 돈을 많이 벌

기도 했으나 최근에는 전혀 다른 문제로 고민 중입니다. 이상기후로 갈수록 해수면이 높아져서 대대로 살아온 섬 전체가 어쩌면 바다에 잠길지 모른다는 불안을 안고 있습니다. 여행지로 인기 높은 인도양의 몰디브공화국(인구 약 39만 명)도 비슷한 운명에 처해 있고요.

산마리노공화국에는 국가대표 축구팀이 있어 월드컵대회 예선전에도 나옵니다. 60여 차례 국가대표 간 경기에서 2무승부를 거둔 것 외에 아직 한 번도 이긴 적이 없지만.

미니국가라고 해서 나라로서 존재감이 없는 건 아닙니다. 왕 또는 대통령 같은 통치자가 있고, 대개는 소규모의 의회도 있습니다. 독립국인 만큼 국제무대에서 나라 간의 통치자가 만날 때 적어도 겉으로는 동등한 대접을 받습니다. 각 나라를 대표하는 최고 지도자들끼리니까요.

더 알아보기

세금은 나라를 굴러가게 하는 에너지!

나라 살림은 기본적으로 국민이 내는 세금으로 운영된다. 국민 개인과 기업이 번 모든 돈의 합계를 국내총생산액(GDP)이라고 하는데, 이 가운데 세금으로 내는 돈이 차지하는 비율을 조세부담률이라고 한다.

2017년 우리나라의 조세부담률은 약 19.4%였다. 이는 100만 원을 벌었다면 19만 4,000원을 세금으로 낸다는 의미다. 이때 나라에 내는 세금은 국세, 지방자치단체에 내는 세금은 지방세라고 한다.

2016년 기준으로 우리나라의 1년 세금 수입은 국세 242조 6,000억 원과 지방세 75조 5,000억 원을 합해 총 318조 1,000억 원이었다.

그러나 우리나라의 조세부담률은 세계경제를 주도하는 34개국이 가입된 경제협력개발기구(OECD)의 평균치에 비하면 낮은 편이다. OECD 평균 조세부담률은 26.1%로 19.4%인 우리나라보다 훨씬 높다.

고령화사회가 되면서 국민 복지를 위한 비용 지출이 갈수록 늘어나고 있는 현실을 감안하면 조세부담률은 계속 높아져 갈 것으로 예상된다.

세금에는 국민이나 기업이 직접 돈을 내는 직접세와 제품을 사거나 서비스를 이용할 때 그 값에 붙는 간접세, 그리고 특정한 목적을 위해 재원을 모으는 목적세 등이 있다.

직접세 소득세(개인이 버는 소득에 부과), 법인세(기업이 버는 소득에 부과), 상속세(부모로부터 재산을 물려받을 때 부과), 증여세(타인으로부터 재산을 무상으로 넘겨받을 때 부과), 종합부동산세(주택 소유자에게 부과) 등.

간접세 부가가치세(물품이나 용역이 생산, 유통, 거래되는 각 단계에서 부과), 개별소비세(자동차나 보석 등 고가품을 사거나 사치스런 장소에서 소비하는 비용에 부과), 주세(술을 구입할 때 부과) 등.

목적세 교육세(교육 재정에 필요한 재원 마련을 위해 부과), 농어촌특별세(농어업의 경쟁력 강화에 필요한 재원 마련을 위해 부과), 교통에너지환경세(교통과 에너지, 환경 개선에 필요한 재원 마련을 위해 부과) 등.

세금 중 국민 개개인에게 부과되는 소득세와 기업에 부과되는 법인세 중 어느 쪽이 더 많을까. 2016년 기준으로 국세 수입 중 소득세가 약 28.2%, 법인세가 약 21.5%였다.

이 가운데 법인세는 늘 논란의 대상이 된다. 친기업 정책을 펴는 보수파 정부는 법인세를 낮추려 하고, 서민 정책을 우선시하는 진보파 정부는 법인세를 높이려 하기 때문이다.

세금 외에 국민이 부담해야 할 사회보장비용, 즉 4대보험(국민연금, 건강보험, 고용보험, 산업재해보험) 재원 마련을 위해 내는 돈도 있다. 세금과 사회보장비용을 모두 합해서 국민부담률이라고 하는데, 2017년 기준으로 26.3% 수준이었다. 이 역시 OECD 평균치인 34.2%보다는 낮다.

나라는 어떻게 탄생했을까

민국이가 꿈을 꾸었습니다.

원시시대의 어느 부족 마을입니다. 꿈속에서 민국이는 추장의 아들입니다. 아마도 나중에 추장 자리도 물려받게 될 것입니다. 사람들을 이끄는 통치자(추장)가 있고 땅도 있는 부족입니다. 그럼 이곳은 나라라고 할 수 있을까요?

민국이는 친구들에게 꿈 얘기를 했습니다. 친구들은 "에이, 부족 마을이 나라는 무슨!" 하며 웃었습니다. 민국이는 선생님께도 찾아가 물었습니다. "원시시대이기 때문에 나라가 아닌 거예요? 그때는 지금처럼 주변으로부터 인정받아야 하는 시대도 아니잖아요."

민국이가 꿈에서 만난 원시시대 부족은 통치자, 주민들, 오랫동안 살아온 땅이 있어 그런대로 나라로서의 조건은 갖춘 듯 보입니다. 그러나 부족 마을을 나라라고 할 수는 없습니다.

그렇다면 나라는 어느 시기쯤에, 어떤 여건을 갖추며 시작된 것일까요? 이와 관련해 인류의 발전 단계, 즉 시대 구분부터 정확히 하고 갈 필요가 있습니다. 기왕이면 연대도 같이 기억해 두세요.

구석기시대(기원전 1만 년 이전) → 신석기시대(기원전 1만 년 이후) → 청동기시대(기원전 3500년 이후) → 철기시대(기원전 2000년 이후)와

신석기시대의 농기구인 뒤지개(위, 서울 암사동 출토)와 구연문토기(아래, 춘천 후평동 출토).
©국립중앙박물관

같은 구분입니다.

여기서 '기원'은 연대를 세는 기준이 되는 해를 뜻하며, 예수 그리스도가 태어난 해가 그 기점입니다. 따라서 그 이전은 기원전, 이후는 기원후 또는 '서기西紀'라는 표현을 씁니다. 서양의 기준이 세계 공통이 된 것으로, '서기'는 서쪽의 규범이라는 의미를 가진 말입니다. 기원전의 영어 표기인 'B.C'도 '그리스도 이전before Christ'이라는 말의 약칭입니다.

나라가 만들어지는 초기 모습을 짐작하는 건 그리 어렵지 않습니다. 사람들이 모여 살면서 무리에 대한 관리가 필요했을 것이고, 그 가운데 앞장서 이끄는 사람과 따르는 사람들로 구분이 생

농경과 공동 수렵을 통해 집단생활의 유리함을 알아 갔던 신석기시대 사람들. ©Fotolia

겨났을 것입니다.

그런 면에서 신석기시대는 사람들이 모여서 사는 부족이 처음 생겨난 때로 봅니다. 집단 거주지의 유적이나 집단 무덤 등의 발굴을 통해 그렇게 추정합니다.

우리나라 서울의 암사동 유적지, 하남 미사리 유적지, 경상남도 통영의 패총(조개껍질 등 생활쓰레기 유적), 강원도 양양 오산리 유적지, 제주 고산리 유적지 등이 그런 곳입니다. 한 군데서 10채 이상의 주거지 흔적이나 1,000점 이상의 석기나 토기 조각 등이 출토된 신석기시대 유적지들입니다.

돌을 깨뜨려 도구로 썼던 구석기시대와 달리 신석기시대에는 돌을 갈아서 칼을 만들거나 반죽한 흙을 구워서 만든 더 다양한 도구를 사용했습니다.

그렇지만 그때의 인류는 아직 맹수에 비해 무척 약한 존재였습니다. 그런 환경 속에서 맹수로부터 목숨을 지키고 사냥을 하거나 열매를 채집해 먹고살기 위해 서로 협력했을 것입니다. 또, 신석기시대는 초보적인 농경이 등장한 시기로, 이를 위해서도 공동체 생활이 필요했을 것입니다.

인류사에서는 신석기시대를 부족으로 뭉쳐진 사회가 시작된 때로 봅니다. 그렇게 부족을 이룬 사람들 가운데 더 지혜롭고 용맹한 사람이 대장이 되어 집단을 이끌었을 것입니다.

그러나 학자들은, 이때는 평등사회였을 것으로 짐작합니다. 농사를 알았다고는 하나 벼나 밀을 재배하기 전이어서 자산을 쌓을

내가 대장할래.
무슨 소리!
우린 평등해.

만큼 수확물이 넉넉하지 못한 시절이었으니까요. 예나 지금이나 자산이 축적되어야 계획적인 집단을 만들고 사람들을 부릴 텐데 그럴 여건이 아니었던 것입니다.

그러니 부족을 이끄는 추장이 있었다 해도 계급사회이기보다는 평등한 관계였을 것으로 보는 거죠. 평등사회는 질서 있는 통치를 가능케 하는 계급이 나타날 상황이 못 됩니다. 또, 완전 정착생활을 하기 이전이어서 영토권을 가진 고유한 땅을 차지하고 있었다고 보기도 어렵습니다.

그런 이유로 민국이가 꿈속에서 만난 원시 부족 마을은 아직 나라가 탄생하기 이전의 상태로 봐야 합니다.

정식 나라에 앞서 군장국가가 있었다

민국이는 꿈이 많은 학생입니다. 소원으로서의 꿈이 아니라 잠꾸러기(?)여서 꿈을 자주 꿉니다. 이번엔 꿈에서 청동기시대 소년이 되어 있습니다.

혹시 박물관에서 푸릇하게 녹이 슨 청동검이나 청동장신구 같은 유물을 본 적이 있나요? 기원전 3500년경부터 시작되었다는 청동기시대의 흔적들입니다. 모두 오랜 기간 땅속에 묻혀 있던 것들을 찾아낸 출토물로, 과학 장비로 측정하면 언제쯤 만들어진 것인지 연대를 추정할 수 있습니다.

청동은 금속이 포함된 광석을 불에 녹여 구리와 주석 성분을 뽑아낸 뒤 두 가지를 섞어서 더 단단하게 만든 합금입니다. 인류는 청동 제조법을 알면서 신석기시대 때보다 훨씬 섬세한 도구를 만들 수 있게 됩니다.

여기서 한 가지. 청동 제조는 우선 고온의 불로 광석을 녹여야 가능할 것인데, 인류가 불을 사용한 것은 약 150만 년 전부터였습니다. 구석기시대 유적지에서 나온 숯이나 재의 탄화 연대를 측정하니 그렇게 오래된 것들이 있었다고 합니다.

처음에는 벼락 등에 의해 자연 발화된 산에서 타 죽은 동물고기를 맛보면서 익은 음식이 더 맛있다는 것을 알게 되었을 것입니다. 그러다가 나무나 돌을 마찰시켜 불을 일으키는 방법을 터득했을 것입니다.

그렇게 불을 사용해 오다가 드디어 광석을 녹여 금속을 만드는 방법을 알게 된 때가 청동기시대입니다.

청동의 사용은 인류사에서 가히 혁명적인 일이었습니다. 현생 인류의 조상인 호모사피엔스의 기원을 약 30만 년 전으로 보는데 (최근 발견된 아프리카 모로코의 화석), 드디어 최초로 금속을 사용하게 되었으니까요.

석기를 쓰던 때에 비하면 놀라운 진전인 거죠. 청동 제조법을 안 이후부터는 인류의 발전 속도도 훨씬 빨라집니다.

꿈속의 민국이가 사는 마을에서는 청동검으로 사냥을 하고, 청동으로 만든 농기구로 농사도 짓습니다. 더 좋은 땅, 더 좋은 사냥터를 차지하기 위해 이웃 마을과 전쟁을 벌이기도 합니다.

그러자니 신석기시대 사람들보다 더 질서 있게 살고 추장의 권력도 훨씬 셉니다. 작지만 좀 나라 같은 모습입니다. 그런 집단이

부족 간의 지배와 피지배 관계를 생성시키는 데 기여한 청동제 무기들. 위쪽은 투검창(전북 평장리 출토), 오른쪽은 창과 거울(강원도 강림리 출토).
ⓒ국립중앙박물관

라면 신석기시대를 살던 무리와는 어떤 식으로든 구분해 다르게 불러야 할 것 같습니다.

도구의 혁신은 또 하나 중요한 일을 가능하게 했습니다. 바로

군장의 가족묘로 추정되는 고인돌은 계급사회의 흔적을 보여 주는 유적이다. 사진은 인천 강화도의 고인돌. ©Fotolia

야생에서 자라던 벼나 밀 등을 일정한 땅에서 재배하게 되었다는 것입니다. 청동제 칼로 나무를 깎아 농사에 필요한 도구들을 만들고, 농사를 짓기 위해 사람들이 한곳에 마을을 이루고 산 것도 이때부터입니다. 정착 부족이 생겨나는 모습입니다.

그렇게 살게 되면서 부족들 간의 격차도 생겨났습니다. 사람 수가 많고 좋은 땅을 차지하고 있어 생산력이 높은 부족과 그렇지 못한 부족 간에 차이가 생긴 거죠. 그리고 큰 부족이 작은 부족을 공격해 땅을 빼앗거나 지배하는 일도 벌어졌습니다.

그런 일을 수행하려면 부족을 이끌 수 있는 지휘자가 나오는 건 자연스러운 수순입니다. 지혜롭고 용맹해 부족의 지지를 받거나 남보다 많은 생산물로 사람들을 거느리는 우두머리가 나타나는 거죠.

청동기시대는 인류 발달 단계에서 강한 집단과 약한 집단, 지배와 피지배 관계, 그것을 통한 계급사회가 처음으로 출현한 시기입니다. 그 과정에 청동제 무기는 결정적인 역할을 했습니다. 강한 지배자는 주변의 다른 부족을 복속시켜 더 힘을 키우고, 자손에게 그 지위를 물려주기도 했을 거고요. 부족을 규합한 대형 집단이 생겨난 것이죠.

청동기시대에 나타난 이런 집단의 우두머리를 군장君長이라고 부릅니다. '군君'은 임금, '장長'은 어른이라는 뜻을 가진 말입니다. 군장은 더 뒤에 나타나는 왕에 버금가는 힘을 가진 존재였을 것으로 추정됩니다. 그래서 학자들은 군장국가라는 말도 씁니다.

군장국가를 영어로는 치프덤chiefdom이라고 합니다. 일부 연구자들은 이를 수장首長사회 또는 족장사회, 추장사회로 번역하기도 합니다. 그런데 재미있는 건 '나라'라는 표현은 쓰지 않고 '사회'로 부르기를 고집한다는 것입니다. 나라에는 조금 못 미친다는 거죠.

그렇지만 '치프덤'을 신분의 세습화, 직업의 전문화, 전통적인 족장 권한, 분배 경제 등이 이루어지는 단계로 보는 데는 이견이 없는 것 같습니다. 괜히 군장을 왕, 군장국가를 나라에 버금간다고 한 게 아닙니다.

군장의 권위를 나타내는 흔적은 지금도 찾아볼 수 있습니다. 그중 대표적인 것이 고인돌입니다. 커다란 받침돌 두 개를 세우고 그 위에 지붕처럼 넓고 큰 돌을 얹은 고인돌을 직접 또는 사진으로 본 적이 있을 겁니다.

고인돌은 군장 또는 지휘자급의 가족묘로 큰 것은 무게가 수십 톤이나 나갑니다. 자연에서 그 무거운 돌을 캐고 운반하려면 많은 사람을 동원할 수밖에 없어 무덤의 주인이 상당한 권력자였을 것으로 짐작됩니다.

그런 점으로 보아도 군장국가는 평등한 부족사회에서 계급사회인 나라의 초기 형태로 넘어가는 중간 단계로 볼 수 있습니다. 그러나 국가로 보기에는 역시 무리가 따릅니다. 차지하고 있는 영역에 한계가 있고 인류의 지적 성숙이 부족해 제도를 갖추지 못한 시기이기 때문입니다.

한반도는 군장국가의 흔적이 다수 남아 있는 지역입니다. 다른 나라에 비해 유독 많이 발견된 고인돌이 그 증거입니다. 고인돌만으로 단정할 수는 없지만, 고인돌은 대집단의 부족장이나 군장이 존재했을 확률을 그만큼 높이는 유적들입니다.

전라북도 고창을 중심으로 한 서해안 일대, 한강과 낙동강 유역, 평양 일대 등 전국적으로 3만 기 이상의 고인돌이 분포되어 있습니다. 유럽 전 지역에서 조사된 것이 5만 5,000여 기인 것에 비하면 놀라운 숫자입니다.

한반도가 비교적 일찍 국가 출현을 향해 나아간 지역임을 알게 하는 유물입니다.

집단 간 경쟁을 통해 지배와 피지배, 계급, 자산, 군장이 생겨났다.

더 알아보기

우리나라 고인돌이 세계문화유산에 등재된 이유는?

고인돌은 한자로 지석묘(支石墓), 영어로는 돌멘(dolmen, 탁자 모양의 돌)이라고 부른다.

고인돌 유적은 우리나라를 비롯해 동아시아, 인도, 스페인, 포르투갈, 프랑스, 영국, 덴마크, 스웨덴 등에서 주로 발견된다. 공통점은 대부분 바다나 강과 가까운 지역에 위치한다는 것이다. 이는 인류의 발전이 주로 물 가까운 곳에서 이루어진 것과 관계가 있어 보인다.

우리나라 서해안 지역은 세계의 인류사 학자들이 놀랄 만큼 고인돌이 집중되어 있어 세계문화유산으로 등재되어 있다. 고인돌이 특별히 많고 모양도 다양해 학자들이 이곳을 고인돌 연구를 위한 대표적인 유적지로 꼽기 때문이다.

우리나라에 있는 고인돌(3만 기 이상) 숫자는 전 세계 고인돌의 약 40%를 차지한다. 땅이 훨씬 넓은 중국에 750여 기가 있는 것과 비교하면 신비로울 만큼 많다.

고인돌은 청동기시대의 무덤으로 알려져 있으나, 어린아이의 유골이 발견되기도 하여 최근에는 혈연 공동체의 공동 무덤으로 보는 시각도 있다. 형태는 받침돌이 두 개인 탁자식과 네 개인 바둑판식 등이 있다.

상판의 큰 돌은 균열이 있는 암석에 나무쐐기를 박아 틈을 벌리기를 반복해 채취했을 것으로 추측된다. 떼어 낸 돌은 통나무를 깔아서 옮기고, 받침석 위에 올릴 때는 모래를 쌓은 뒤 끌어 올렸을 것으로 본다.

제 2 장

제왕이 곧 국가이던 시대

서양에서 본격적인 왕정시대를 열고,
오늘날 민주주의의 힌트가 된 공화정의
초기 모습이 돋아났던 고대 로마!
그리고 로마보다 앞서 세계 최초로
황제정치를 선보였던 중국의 진나라!
한반도도 그리 뒤처지지는 않아서 삼국시대
초·중기에 중앙집권체제를 이루었다.
하지만 정치는 국민의 시대에 앞서 절대적 통치자의
시대를 먼저 걸었다. 과거에는 그게 정치인 줄 알았다.

여러 정치제도가 자라난 고대 로마

시대를 좀 더 전진시켜 보겠습니다. 기원전 2000년이 지나서 철기시대가 펼쳐지고 있을 때입니다.

abcde……. 지금은 세계 공용어가 된 영어의 알파벳이 언제부터 사용되었는지 아시나요? 알파벳을 일러 종종 로마자字라고 하는 걸 보면 로마와 연관이 있어 보입니다. 맞습니다.

알파벳의 원형은 기원전 1100년경 레바논 지역에 살던 페니키아 상인들이 이집트 상형문자를 간략화해 처음 만든 것으로 알려져 있습니다. 물품의 이름을 적거나 소식을 전할 때 이 문자를 썼다고 합니다.

하지만 고대 석관이나 점토판 기록을 통해 확인되는 글자 모양은 지금의 알파벳과는 많이 다릅니다. 그림문자처럼 보여 전문가가 아니면 해독하기 어렵고 글자 수도 자음 22자뿐이었습니다.

이 페니키아 알파벳이 그리스를 거치며 모음이 추가되고 기원전 7세기 이후 로마인들에 의해 라틴 문자로 정립되었다고 합니다. 로마인들이 그리스에서 전파된 문자에 에트루리아(이탈리아 중부 토스카나 지역의 옛 이름) 문자를 더해서 오늘날의 알파벳에 가까운 라틴 문자를 만들었다는 것이 정설입니다.

문명사를 이야기할 때 문자의 발달은 첫손에 꼽히는 조건입니다. 알파벳에 기반한 최대 사용 언어인 영어에도 로마의 흔적이 꽤 남아 있습니다. 로망스(romance, 유래는 로마 시민이 되고 싶은 염원이라 함), 로맨틱(romantic, 유래는 로마인스럽다는 뜻)과 같은 단어가 그렇습니다.

고대 로마가 세계 정치사에 끼친 영향은 매우 큽니다. 서양에서 본격적인 왕정과 황제정치를 출범시키고, 오늘날 민주주의의 힌트가 된 '공화정'이라는 정치제도의 초기 모습을 보인 곳이 고대 로마였습니다. 그리고 학문, 건축, 예술 등과 관련해서도 로마는 그리스와 함께 양대 뿌리를 이룹니다.

물론 기원전 2680년경 출발했다는 이집트 고왕국, 기원전 1830년경 건국해 메소포타미아 문명을 대표했던 바빌로니아왕국, 그리고 기원전 6세기 이래 직접민주주의를 선보였던 아테네, 두 명의 왕을 두는 이왕제二王制를 시행했던 스파르타 등 고대 그리스 지역의 도시국가도 정치사에서 빼놓을 수 없습니다.

그러나 이집트와 메소포타미아 지역은 기원전 3세기 이후 문명 발상지로서의 주도권을 이어 가지 못했습니다. 그리고 그리스는 기원전 146년 로마제국에 복속된 이래 정치적으로 로마의 영향 아래 있었습니다(문학, 철학 등 문화적으로는 그리스의 것이 로마에 유입되는 현상이 빚어졌지만).

이에 반해 로마는 고대에서부터 15세기 동로마제국에 이르기까지 대제국을 유지하고, 그런 배경에 상대적으로 역사적 근거가 충실한 정치제도의 변혁 과정을 뚜렷이 남겼습니다. 이런 면에서 고대 로마를 초기 정치 발전사의 복판에 놓는 것은 자연스러운 일일 것입니다.

정치제도 발전의 초·중반 단계는 세계 어느 지역을 막론하고

고대 로마는 도로, 시장, 상하수도망, 경기장, 공연장 등을 갖춘 대도시였다. ©Fotolia

대개는 왕 또는 황제정치의 역사였습니다. 그때는 그게 정치인 줄 알았으니까요. 한번 볼까요?

고대 로마의 출발은 기원전 753년부터였다고 합니다. 이탈리아의 중부인 팔라티노라는 지역에서 고대 로마가 시작되었는데, 티베리스 강을 끼고 있어 주변에 비옥한 평원이 많고 사람들이 모여 살기 좋은 지역이었습니다.

또, 팔라티노 인근의 언덕들은 방어에 유리하고 이탈리아의 한가운데에 입지한 덕분에 로마는 교통의 요충지가 될 수 있었습니다.

고대 로마는 왕이라고 할 수 있을 통치자가 등장해 다스렸습니다. 이 시기 로마의 통치자를 왕으로 보는 이유가 있습니다. 군대를 거느렸고, 재판권까지 직접 행사할 만큼 권력이 셌고, 세금을 거둬서 나라 살림을 하여 전통적 왕에 가까운 모습을 지녔기 때문입니다.

그래서 왕이 다스리는 정치라는 의미를 넣어 '왕정시대의 로마'라고 부릅니다. 왕은 군장 또는 귀족 가문에서 선출되어 평생 자리를 지켰지만 왕자에게 물려주는 세습제는 아니었습니다.

세월이 흘러 기원전 510년이 되었을 때 로마는 왕정 대신 공화정이라는 새 정치제도를 탄생시킵니다. '공화共和'의 의미는 국민이 나라의 주인이며 여러 사람이 공동으로 운영한다는 뜻입니다.

로마 공화정은 왕과 귀족에게 집중되어 있던 권력에 평민들이 오랫동안 불만을 가지면서 생겨났습니다. 국민의 불만이 너무 크면 나라가 망할 수 있으니까 제도를 바꿔야죠. 그렇다 해도 그 시대에 공화정의 개념을 생각했다니 놀랍네요.

또 하나, 엄청난 변혁일 수도 있을 제도 변경이 가능했던 것을 보면 당시 왕의 권위가 그다지 강하지 않았거나 견제세력으로서의 시민의 힘이 만만치 않았다는 것을 엿볼 수 있게 합니다. 하긴 세습제가 없었다니 왕이 왕가로서의 가문 의식을 품지도 않았던 것 같습니다.

로마 공화정은 무엇보다 이전처럼 통치자 한 사람이 권력을 다 움켜쥐는 일이 없도록 했습니다. 귀족들의 모임인 '원로원'과 평민들의 대표가 모인 '평민회'가 협의해 통치자를 2명 선출했습니다. 통치자의 명칭도 왕이 아니라 '집정관'이라고 불렀고, 임기도 1년으로 제한했습니다.

집정관은 1년마다 바뀌게 되어 권력을 쌓을 시간이 없었습니다. 이런 환경이다 보니 원로원이 사실상 권력의 중심 역할을 하고, 평민회는 재판을 담당했습니다. 또, 평민회가 뽑은, 오늘날 국회의원에 해당하는 호민관(10명)이라는 관직을 두어 집정관의 정책이 옳지 않으면 반대할 수 있게 했습니다.

전체적으로 지금의 대통령(집정관), 사법 담당(평민회), 국회(호민관)와 그 역할이 유사하게 나뉘어 있어 매우 흥미롭습니다. 한 가지 재미있는 것은 집정관이라는 말을 아시아에서 '통령'으로 번역한다는 사실입니다. 여기에 '대'자만 붙이면 대통령이 되네요.

로마 공화정에서는 정부의 주요 관료를 뽑는 선거도 실시했습니다. 유권자의 지위와 재산 정도에 따라 인정하는 표의 수가 달랐고 지금과 같은 선거관리위원회가 없어 완전 공정투표는 못 되었다고 합니다. 그렇다 해도 2,500여 년 전인 그 시절 선거를 실시했다는 것은 의미 있는 일이 아닐 수 없습니다.

로마는 기원전 5세기 이후 여러 정복 전쟁을 통해 지중해 전역으로 세력을 펼쳐 갑니다. 안으로는 기원전 272년 이탈리아 최남

나일 강의 습지에서 자라는 파피루스. 필기장을 만드는 재료로 썼는데, 로마는 파피루스의 최대 수입국이었다. ⓒFotolia

단까지 우월적 동맹 체제를 수립하고, 밖으로는 북아프리카의 카르타고(지금의 튀니지)와 유럽의 스페인과 프랑스, 그리스가 로마의 지배 아래 놓이게 됩니다.

그러나 고대 로마의 영역 확장이 다 좋은 것만은 아니었습니다. 세력을 키워 제국화된 로마의 이야기는 다음 장에서 이어 가기로 합니다.

참고로 로마와 관련된 기록은 남아 있는 자료가 생각보다 많다고 합니다. 파피루스(이집트 특산의 식물로 그 줄기를 쪼개고 붙여서 필기장으로 씀)와 양피지(동물가죽으로 만든 필기장) 기록, 후세에 나온 역사책 등 보물 같은 사료가 전해지고 있는 거죠.

흥미로운 이야기도 하나 들려줄게요. 파피루스는 나일 강가에 많이 자생해서 최대 생산국은 이집트였지만 로마가 최대 수입국이었답니다. 파피루스의 수입이 국정의 주요 현안이 될 정도였다니 기록에 대한 로마인들의 관심과 독서문화가 상당했던 것 같습니다.

그래서인지 이집트 문명은 유물로 많이 전해지는 반면 로마 문명은 기록으로 남아 서구 문명을 이루는 데 풍성한 샘이 되었다는 말씀!

고대 로마 공화정의 권력 견제

더 알아보기

도시국가는 근대 시민사회의 뿌리!

도시국가는 한 도시가 자치권을 가져서 국가 형태로 독립되어 있는 것을 말한다. 고대 그리스의 아테네와 스파르타, 이탈리아의 로마, 튀니지의 카르타고 등이 그런 예다.

도시국가는 정치 · 사회적으로 독립체인가가 조건일 것인데, 교통이 발달하지 않은 과거에는 특정 지역별로 자치를 이루는 게 자연스러운 일이었다.

고대 도시국가 하면 직접민주주의를 빼놓을 수 없는데 아테네의 민회가 그 기원이다. 하지만 지역별로 50명씩의 대표가 모인 500인회가 민회의 참석자여서 완전한 직접민주주의가 되기는 어려웠다. 또, 부녀자, 노예, 미성년자 등은 시민권이 제한되어 현대적 관점에서 보면 불평등한 민주주의이기도 했다.

고대에도 도시는 인구의 집중성에 비해 농토가 좁을 수밖에 없어 도시국가는 상업이 주요 경제수단이었다. 일찍이 지중해 주변엔 인구 5,000 ~수만 명의 이런 도시국가들이 1,000여 개 존재했다. 꼭 로마나 아테네 같은 유명 도시들만의 경우가 아니라는 것이 도시국가의 형성 이야기다.

로마는 공화정 말기에도 도시국가적인 제도를 유지했으나 정복 전쟁으로 영토국가가 되면서 시민의 정치참여 기관인 평민회는 형식적인 것이 되어 버렸다. 지중해 일대 대부분을 정복한 대제국이 된 이후에는 로마에만 100만 명의 인구가 집중되면서 정치도 권력자 중심으로 흘렸다.

그러나 이탈리아인들의 도시국가에 대한 기억은 그리 쉽게 지워지는 게 아니었던 것 같다. 고대 로마가 395년에 동로마와 서로마로 갈라지고 그 80여 년 뒤 서로마가 게르만족(독일 민족)에게 멸망하게 되는데, 이는 이탈리아 지역에 다시 도시국가가 나타나게 하는 계기가 된다.

게르만족은 무력으로 이탈리아를 멸망시키긴 했지만 당시에는 야만족에 가까워 통치를 할 만한 정치력이 없었다. 문화적으로 앞섰던 이탈리아반도는 여러 소왕국들과 도시국가들이 재부흥하는 시대로 넘어간다.

각 도시들은 상업 활동을 통해 부를 축적하면서 독립된 자치 영역을 형성했는데, 아말피, 바리, 피사, 피렌체, 파비아, 밀라노, 제노아, 베네치아 등이 대표적이었다.

962년 게르만족이 독일 지역에 세운 신성로마제국이 이탈리아 중부까지 세력을 뻗어 각 도시들의 활동을 위축시키기도 했다. 이에 이탈리아의 도시들은 동맹을 체결해 신성로마제국에 맞섰고, 1648년에는 그들을 독일 쪽으로 밀어내고 이탈리아반도를 완전히 회복했다.

알프스 이북 지역에도 도시국가들이 있었다. 이들 도시들은 상공업자들을 중심으로 봉건 영주(領主, 중세 유럽의 지역 권력자)에 대항해 자주적으로 수장(首長)을 선출하는 등 독립성을 보였다. 도시들의 이러한 활동은 나중에 근대 시민사회를 자라게 하는 바탕이 된다.

황제 '시저'의 유래가 된 카이사르

고대 로마는 영화의 소재가 된 적도 많습니다.

유명한 〈벤허〉, 〈쿠오 바디스〉, 〈글래디 에이터〉, 〈스파르타쿠스〉 등이 그런 작품들입니다. 고대 로마 소재의 영화와 관련해 빠뜨릴 수 없는 것은 대부분 황제가 나온다는 사실입니다.

흔히 이런 장면으로 묘사됩니다. 관중들이 가득 들어찬 원형경기장 한가운데서 검투사 두 명이 혈전을 벌이고, 그러다 승부가 나면 승자가 칼끝으로 패자의 목을 겨눈 채 단상의 황제를 쳐다봅니다. 관중들이 외치는 함성은 경기장 전체를 울리고.

"죽여라! 죽여라!"

황제가 엄지손가락의 방향을 아래로 가리키면 승자가 패자를 죽이는 걸로 경기가 끝납니다. 영화에서 많이 본 잔인한 장면입니다.

검투경기를 왜 황제가 주관했는가 하면 많은 사람들이 모이는 원형경기장을 민심의 동향을 읽는 일종의 정치적인 장소로 활용했기 때문입니다.

검투사로는 주로 전쟁 포로나 노예들이 동원되었습니다. 검투사는 언젠가는 더 강한 상대를 만나 죽게 될 운명이지만 승리한 날에는 대접이 융숭했다고 합니다. 중요한 경기에서 이긴 일부 검투사는 자유민으로 승격되기도 했고요.

사람의 생명을 어느 하루의 놀이 도구로 쓸 만큼 막강했던 황제의 권력!

로마에서 공화정 다음으로 나타난 것은 황제정치였습니다. 그렇다면 황제는 왕과 어떻게 다른 것일까요? 그리고 여러 사람이 권력을 사이좋게 나누던 공화정이 어떻게 해서 황제정치로 바뀌었을까요?

고대 로마의 공화정은 450여 년을 이어 가다가 기원전 49년 당시 집정관이던 율리우스 카이사르(기원전 100~기원전 44년)에 이르러 변화를 맞습니다.

집정관 카이사르는 정복 전쟁에 뛰어났습니다. 카이사르가 이탈리아 북부와 프랑스 지역을 아우르는 갈리아 땅을 차지하기 위해 전쟁에 나가 있을 때였는데, 전쟁을 통해 권력을 키워 가는 그를 원로원(귀족들의 모임체)이 두려워했습니다.

급기야 귀족들은 카이사르를 없애려 했습니다. 이를 눈치챈 카이사르가 군대를 이끌고 거꾸로 로마를 공격해 귀족들을 제압합니다.

이탈리아 북동부의 루비콘 강을 건너며 카이사르가 남겼다는 유명한 말이 있습니다. “나는 루비콘 강을 건넜다.” 다시 되돌릴 수 없는 일을 할 때 지금도 즐겨 쓰는 표현으로 “주사위는 던져졌다.”라는 말로 바꾸어 쓰기도 합니다.

귀족들을 굴복시킨 카이사르는 강력한 라이벌이던 폼페이우스 군단과의 전투에서도 승리해 권력의 정점에 섭니다. 기원전 46년, 평생 자리를 지키는 종신 집정관에 오른 게 그런 모습입니다. 그리고 집정관을 견제하던 호민관들의 권한을 빼앗고, 각 점령지들을 다스리는 총독들의 지휘권까지 자신의 것으로 만듭니다.

과거의 왕이나 임기제의 집정관보다 훨씬 강해진 권력과 서유럽에서부터 북아프리카와 소아시아(터키 등 아시아 대륙의 서쪽 끝)에 이르는 광대한 영토! 카이사르의 권력은 이전의 왕이나 임기제의 집정관 정도가 아니었습니다.

제도적으로는 아직 공화정이 유지되고 있어 카이사르가 공식적으로 황제에 오른 바는 없습니다. 하지만 카이사르의 이름은 훗날 황제를 가리키는 고유명사 그 자체가 됩니다. 황제를 뜻하는 영어의 ‘시저’, 독일어의 ‘카이저’, 러시아어의 ‘차르’ 모두 카이사르를 그 나라말로 발음한 데서 유래합니다.

사전에서 찾아보는 황제의 의미는 ‘왕이나 제후(諸侯; 황제가 영토를 할당해 형제나 친척, 공신들에게 다스리게 하던 제후국의 책임자)를 거느리고 통치하는 임금을 보통의 왕과 구별해 이르는 말'이라고 설명되어 있습니다.

그러나 이처럼 위세 당당하던 카이사르의 권력은 오래가지 못합니다.

종신 집정관에 오른 지 2년 만인 기원전 44년, 아끼는 부하이던 마르쿠스 브루투스(기원전 85~기원전 42년)를 중심으로 하는 원로원의 공화정 수호파의 반란으로 목숨을 잃고 맙니다.

고대 로마의 출발지였던 팔라티노에 위치하고 있는 카이사르의 동상. ©Fotolia

이후 로마는 잠시 혼란기에 빠졌으나 카이사르의 보좌관 출신인 옥타비아누스(훗날 아우구스투스, 기원전 63~서기 14년)가 권좌를 차지해 로마의 정식 1대 황제가 됩니다. 기원전 27년 원로원의 결의로 '원수제'가 출범하는데, 이는 공식적인 황제정치의 개막을 의미합니다.

황제시대를 연 로마제국은 서기 54년 황제에 오른 저 유명한 네로(37~68년)와 그 뒤를 이은 베스파시아누스(9~79년) 대에 이르러 전성기를 구가합니다.

현재도 남아 있는 로마의 명물 콜로세움(원형경기장)을 건축한 것도 베스파시아누스 황제 때의 일입니다. 로마 황제들은 권위의 상징으로 곳곳에 경기장을 세우고 검투경기를 열도록 했습니다.

전성기 때의 로마제국 영토는 지금의 국경으로 치면 지중해 일대 40여 나라에 이르는 지역이며, 인구는 당시 세계 인구의 4분의 1에 해당하는 5,000만~7,000만 명에 달했습니다. 그 가운데 100만여 명이 로마 시에 살았고, 이탈리아반도 전체의 인구는 500만~600만 명 정도였습니다.

로마를 비롯해 큰 도시는 시민을 위한 기반시설도 상당해서 관공서, 도로, 시장, 상하수도망, 카페가 있는 대중목욕탕, 대형 경기장, 공연장 등을 갖추고 있었습니다. 전기만 없었을 뿐 오늘날의 도시 못지않았을 것 같습니다.

로마제국은 다양한 언어를 사용했습니다. 제국으로 묶여 있긴 했어도 점령지마다 고유한 문화를 가지고 있던 지역들이고 지리적인 거리도 상당했으니까요. 그런 가운데 관리들과 상류층 사람들은 라틴어와 그리스어를 사용했습니다.

로마제국은 점령지에 황제를 대신하는 총독을 파견해 크게 두 가지 방향으로 다스렸습니다. 하나는 피지배국들의 종교와 문화를 인정해 사람들을 굳이 로마화하지 않았습니다. 그러나 이는 또 하나의 중요한 정책을 위한 정략적 관용입니다.

기본적으로 군사국가였던 로마제국은 점령지를 군대 징집과 세금 징수, 특산물 착취 등 또 다른 전쟁 수행을 위한 기반 마련에

검투경기가 열리던 콜로세움. 로마의 황제들은 곳곳에 원형경기장을 만들어 민심의 동향을 읽는 장소로 활용했다. ©Fotolia

활용했습니다.

군대의 경우 피지배국 사람들은 무려 25년을 복무해야 로마 시민권을 얻어 로마인과 같은 대접을 받을 수 있었다고 합니다. 앞서 소개한 로망스romance라는 단어의 유래라는 '로마 시민이 되고 싶은 염원'이 갑자기 슬프게 느껴지네요.

또, 예수를 죽이는 데 써서 유명해진 십자가사형제도를 시행했고, 저항하는 사람들을 노예로 징발하는 등 공포정치로 점령지 사람들을 억압했습니다.

점령지 각 곳과 로마 사이에는 8만km나 되는 그물망 도로를 건설했는데, '모든 길은 로마로!'라는 말은 여기서 나온 것입니다. 사방으로 뚫은 이런 도로와 지중해 뱃길을 이용하면 로마에서 점령지 어디로든 쉽게 사람과 물자를 보내고 받을 수 있었습니다.

이렇게 얻은 자본으로 로마인들은 한껏 사치와 향락을 누릴 수 있었습니다. 로마제국은 이 모든 것을 군사력으로 이루었습니다. 로마의 영광 뒤에는 피지배국 사람들에 대한 착취가 있었습니다.

로마제국은 서기 395년에 두 나라로 갈립니다. 당시의 황제 테오도시우스(347~395년)가 제국을 두 아들에게 나누어 물려주면서 동로마와 서로마로 역사를 달리하게 됩니다. 서로마는 이탈리아 반도와 지중해 남쪽의 북아프리카 일대를, 동로마는 터키를 중심으로 한 소아시아 지역을 지배하게 되는 변화입니다.

원래의 로마제국이던 서로마는 그 80여 년 뒤 게르만족(독일 민족)의 침입을 받아 멸망하고, 동로마는 콘스탄티노플(지금의 터키 최대 도시 이스탄불)을 수도로 하여 1,000년을 더 이어 갑니다.

콘스탄티노플의 옛 이름을 따 비잔티움제국으로 불리기도 하는 동로마는 이집트에서부터 그리스, 소아시아를 아우르는 큰 나라를 형성하다가 1453년 터키족이 세운 오스만투르크제국에 의해 멸망합니다.

한편, 서로마 이후의 이탈리아에는 로마인들과 외부인들이 혼재된 여러 왕국이 난립합니다. 그러다가 중・북부 지역은 10세기 게르만족이 독일 땅에 세운 신성로마제국의 일부가 됩니다. 이어 13세기 이후부터는 베네치아, 밀라노, 제노아, 피렌체 등의 자치도시들이 성장하면서 신성로마제국은 1650년경 독일 지역으로 완전히 밀려납니다.

그사이 남부 지역은 비잔티움, 노르만 등의 지배를 거쳐 13세기 이후 나폴리왕국으로 통일되어 19세기까지 이어집니다.

도시국가 위주로 재편된 중세시대의 이탈리아는 학술과 기술, 상업적으로 번성하게 됩니다. 이에 힘입어 초기 자본주의가 나타나고 시민계급이 형성되는 등 다른 유럽 지역보다 근대적인 사회문화가 일찍 시작되는 특징을 보입니다.

정치를 이해하자면 최고의 문명을 꽃피웠던 고대 로마가 왜 멸망했는지도 알아 둘 필요가 있습니다. 모든 결과를 만드는 것은 과정이니까요. 직접적 원인으로는 서로마, 동로마 모두 외부의 공격을 받은 때문이지만 역사학자들은 그 못지않게 내부의 문제를 꼽습니다.

먼저 서로마를 볼까요. 공화정이 황제정치로 넘어가면서 평민회가 유명무실해지고 시민들의 정치 참여가 떨어졌습니다. 한 방향으로 흐르는 정치는 필연적으로 합리성을 잃게 됩니다.

황제와 지배층 지도자들 간에 대립이 생기고, 과보호 속에 자라난 청년들은 일하는 것보다 놀기를 좋아하고, 도덕과 질서의 타락도 두드러집니다. 또, 종교적으로 가톨릭을 국교로 삼으면서 유대교를 비롯해 다른 종교를 탄압해서 국민 분열을 초래했습니다.

극단적인 군국주의도 몰락 원인 중 하나입니다. 로마제국은 점령지 관리와 또 다른 정복 전쟁을 위해 대규모의 육군과 해군을 유지했습니다. 이에 들어가는 비용이 너무 커서 경제적 쇠퇴를 불러오는 한 원인이 됩니다.

나라의 기강이 흔들리며 각처에서 반란이 일어나고, 이를 진압하는 과정에 국력도 많이 소모했습니다. 그렇게 내부의 혼란이 이어지고 있을 때 게르만족의 침입을 받아 서로마는 무너지고 맙니다.

동로마는 지정학상 아시아로 이어지는 실크로드와 지중해 상권을 연결하는 중개무역을 통해 상업적으로 번성했습니다. 그렇게 얻은 자본을 바탕으로 건축과 미술, 문학 등 비잔티움 문화를 꽃피웁니다. 교회 건축, 모자이크 미술, 신학神學 등은 비잔티움 문화를 언급할 때 빠지지 않는 요소들입니다.

서기 117년 로마제국 최전성기 때의 영토

그러나 12세기 이후 지나친 영토 확장 전쟁과 점령지 내의 민족 간 갈등, 종교적 분열 등을 드러내며 국력을 소모합니다. 특히 기독교의 한 교파인 정교회(동방교회라고도 함)를 국교로 삼으면서 기존의 기독교도들과 유대교도들을 차별하고 무거운 세금을 부과해 갈등을 자초했습니다.

그러다 보니 정교회가 아닌 종교를 가진 사람들은 자신들의 신앙을 인정해 주고 세금도 동로마보다 낮은 이슬람권의 통치를 선호하기까지 했습니다. 이런 가운데 이슬람 세력인 오스만투르크의 공격을 받은 동로마는 무너질 수밖에 없었습니다.

동서양을 막론하고 나라가 망할 때는 예외 없이 내부적으로 먼저 징조를 드러냅니다. 멀리 갈 것도 없이 우리나라의 고려와 조선 말기, 중국의 청나라 말기 역시 다르지 않았습니다. 외부의 적에 앞서 내부의 분열과 무질서, 도덕적 타락으로 먼저 허물어져 가고 있었으니까요.

더 알아보기

카이사르, 고대 로마의 지도를 넓힌 영웅

서양사를 이야기할 때 절대 빼놓을 수 없는 인물이다.

기원전 69년, 31세의 나이에 재정을 담당하는 재무관이 된 율리우스 카이사르는 법무관(법률 담당) 등 다양한 관직을 거치면서 능력을 키워 나갔다. 실제의 정책 수행 면에서도 꾸준히 성과를 거두어 원로원의 1인과 함께 2명의 통치자 중의 한 사람인 집정관에 올랐다.

51세 때인 기원전 49년 프랑스 지역 정복 전쟁 중에 돌아와서는 로마를 장악해 1인 통치의 기반을 다졌다. 2년 뒤인 기원전 47년엔 소아시아 지역과의 전쟁에서 이기며 더욱 세력을 키웠다. 이때 남긴 "왔노라, 보았노라, 이겼노라(Veni, Vidi, Vici)"라는 세 마디는 지금도 유명하다.

이어서 기원전 46년에는 자신을 반대하는 경쟁자들의 군대를 소탕하고, 여세를 몰아 오랫동안 로마 공화정의 실권을 쥐고 있던 원로원을 타도했다.

명실상부한 최고권력자가 된 카이사르는 뛰어난 웅변술과 함께 민심을 모으는 데 뛰어났다. 전쟁에 나서면 현장의 영웅이었고, 전략가로도 빼어났다.

그러나 그런 카이사르도 등잔 밑의 적은 보지 못했다. 부하이던 브루투스의 칼에 목숨을 잃었기 때문이다. 공화정을 지지했던 브루투스는 그 후 로마제국의 1대 황제가 되는 옥타비아누스의 군대와 기원전 42년 필리피에서 싸우다가 패전한 뒤 자살로 생을 마감한다.

세계 최초로 황제정치의 문을 연 중국

황제시대와 관련해 서양에 로마와 카이사르가 있었다면 동양에는 기원전 221년에 건국된 진秦나라와 시황제(기원전 259~기원전 210년)가 있었습니다. 시황제는 나라 이름과 합쳐서 진시황이라고도 부릅니다.

카이사르가 사실상의 황제로 역사의 전면에 등장한 것이 기원전 46년 무렵이니 진시황이 175년 먼저 황제시대를 연 것이네요. 그런 면에서 진시황은 세계 최초의 황제라고 할 수 있습니다.

진시황 역시 많은 문학작품이나 영화의 소재가 된 인물입니다. "중국 역사에 가장 큰 영향을 끼친 사람을 꼽는다면?" 중국에서 이런 설문조사를 하면 진시황과 마오쩌둥(1893~1976년, 외래어를 현지 발음 우선으로 쓰기 전엔 모택동으로 더 익숙한 이름) 두 사람이 1, 2위를 다툰다고 합니다.

마오쩌둥은 현재의 중화인민공화국을 세웠고, 진시황은 그 중국의 원형을 만들었다고 할 수 있기 때문입니다. 진시황이 중국을 하나로 통일하지 않았다면, 중국은 유럽처럼 여러 나라로 갈린 채 역사의 길을 걸었을지도 모릅니다.

(중국으로부터 수많은 침략을 받고 오랫동안 사대주의를 강요받은 우리로서는 이게 더 좋았을 수도 있지만.)

그러나 진나라는 불과 15년의 짧은 역사를 남기고 망해 버립니다. 그 배경은 잠시 뒤에 이야기합니다. 그런 이유로 정작 중국에서 황제정치가 제대로 자리를 잡은 것은 그다음에 나타난 한漢나라 때라고 할 수 있습니다.

중국의 문자를 한문漢文, 중국을 대표하는 민족을 한족漢族이라고 부릅니다. 이는 기원전 202년부터 서기 9년까지 200여 년간 통일제국으로 존재했던 한나라에서 유래한 말들입니다. 서양의 정치와 문화에 로마가 큰 영향을 주었듯 동양의 그것에 한나라가 끼친 궤적은 매우 큽니다.

중국에서 진나라가 통일을 이루기 전엔 140개나 되는 작은 나라들이 있어 세력을 겨루었습니다. 그때를 춘추전국시대春秋戰國時代라고 합니다. '춘추'는 봄가을, '전국'은 나라 간의 싸움을 뜻하는 말로, 계절이 멀다 하고 싸움이 일어나 수많은 나라가 태어나고 사라진 시기라는 뜻입니다.

그 기간이 500여 년간 지속되었습니다. 이름을 떨친 인물들도 많이 나와서 유명한 《손자병법孫子兵法》을 쓴 손무(?~?년, 오나라), 중국을 대표하는 고전인 《논어論語》를 남긴 공자(기원전 551~기원전 479년, 노나라), 《도덕경道德經》을 쓴 노자(?~?년, 초나라) 등이 이 시기 사람들입니다.

춘추전국시대는 수많은 나라가 난립했던 전반기를 춘추시대, 전쟁을 통해 더 커진 일곱 나라만 남아서 대결을 벌인 시기를 전국시대로 구분해서 지칭하기도 합니다. 이 가운데 진나라가 있었고, 다른 나라들을 차례로 정복해 통일을 달성합니다.

진시황은 조趙나라에 인질로 가 있던 왕족 자초의 아들(본명 영정)로 아버지의 처지로 보듯 어린 시절 전혀 주목받지 못한 인물이었습니다. 그러다가 조나라의 지략가 여불위의 후원을 받은 자초

중국은 일찌감치 정치와 사상의 중심이 되었다. 노자와 공자의 만남을 표현한 2,000여 년 전의 화상석(벽돌에 새긴 그림).

가 뜻밖에 진나라의 권좌에 올랐다가 일찍 죽으며 영정은 13세의 어린 나이에 왕위를 물려받습니다.

통일을 이루기 전, 왕이던 시절의 진시황은 인재를 아끼고 신하들의 말을 경청하는 군주였습니다. 중국 통일에 대한 야심이 컸던 그는 꾸준히 부국강병 정책을 펼칩니다.

그렇게 힘을 키운 진시황은 29세 때 한나라를 복속시킨 것을 시작으로 통일 전쟁의 장도에 오릅니다. 이후 평균 2년에 한 번씩 조, 위, 초, 연, 제나라를 차례로 정복해 통일제국을 이룹니다.

중국 대륙을 평정한 진시황은 전설상의 여덟 왕을 가리키는 '삼황오제三皇五帝'에서 '황'과 '제'를 따와서 황제라는 명칭을 처음으로 사용합니다.

중국 중북부에 위치한 함양을 수도로 정한 진시황은 중국에서 최초로 중앙집권제도(또는 중앙집권체제)를 실시합니다. 중앙집권제도란 그 나라의 법률과 군사 지휘를 포함한 통치자의 명이 영토 전체에 미치는 상태를 말합니다.

진시황은 중국을 36개의 군郡으로 나누고 군수와 현령 등을 모두 직접 임명해서 보냈습니다. 이를 '군현제郡縣制'라고 하는데, 중앙집권체제를 확실하게 하고 지방에서 세력이 자라는 것을 방지하기 위한 방법이었습니다.

그리고 황제 아래로는 오늘날의 총리에 해당하는 '승상' 등의 관직을 두어 자신을 보좌하게 했습니다. 또, 중국 최초로 문자, 화폐, 길이와 무게 등 단위를 통일해 나라의 기틀을 잡았습니다.

진시황의 각종 정책은 승상을 지낸 이사(?~기원전 208년)라는 신하의 책략에서 비롯되었다고 합니다. 군현제, 문자 통일 등 이전에 없던 혁신적인 정책을 내놓은 것도 놀랍지만 이를 받아들인 진시황의 안목도 남달라 보입니다.

하지만 진시황은 놓친 게 많습니다. 너무 엄한 법률을 시행하고, 북방의 흉노족을 막기 위한 만리장성과 황궁인 아방궁 건설에 수백만 명의 백성을 동원해 민심을 잃어 갔습니다. 그러느라 국고도 낭비했습니다.

중국 동쪽의 산하이관에서 서쪽의 자위관에 이르는 만리장성은 전체 약 6,000km에 달하는 성벽으로, 이후 한나라와 명나라 때까지 축성되었습니다. 성벽은 높이 6~9m, 평균 폭은 위쪽 4.5m, 아래쪽 9m이며, 100여m 간격으로 망루를 설치하고 군대를 주둔시켰다고 합니다.

진나라의 짧은 영화는 허망합니다. 무리한 국책사업을 벌인 진시황이 죽자 그 아들 대에서 다시 진나라에 대항하는 나라들이 일어납니다. 초나라의 부활을 선언한 항우(기원전 232~기원전 202년)와 한나라를 세운 유방(기원전 247?~기원전 195년)이 그들입니다.

이를 막지 못한 진나라는 진시황이 죽은 지 4년 만인 기원전 206년 나라로서의 존재가 사라지게 됩니다. 항우의 군대가 황하 이북에서 진나라 군과 싸우고 있는 사이 유방의 군대가 먼저 진나라의 수도인 함양에 입성해 항복을 받아 냅니다.

진시황 때 착공해 한나라, 명나라 때까지 축성된 만리장성. ©Fotolia

정치는 백성의 마음을 얻는 것이다! 오늘날에도 불변인 진리를 보여 주는 진나라의 멸망입니다.

이후는 유방과 항우가 중국 대륙을 놓고 4년을 더 싸웁니다. 기원전 202년, 두 군대는 해하라는 곳에서 마지막 전투를 벌이고, 이 싸움에서 유방은 최후의 승자가 됩니다.

유방과 항우의 경쟁은 지금까지도 매우 유명합니다. 고사성어 '사면초가(四面楚歌: 유방의 군사들이 항우의 군사들을 포위하고 초나라의 고향 노래를 불러 사기를 떨어뜨린 일)'는 위에서 말한 해하전투에서 유래하며, 중국의 전통 가극인 '경극'의 명작 〈패왕별희〉는 항우와 그의 연인 우희의 마지막을 소재로 한 작품입니다.

또, 바둑과 함께 동양의 2대 전통 게임인 장기는 두 영웅의 대결에서 유래한 놀이입니다. 장기의 양쪽 왕의 몸체에 새겨진 글씨인 '漢한'과 '楚초'가 바로 두 나라를 상징합니다.

중국 최초의 통일제국을 이룩했던 진나라의 영광은 한나라로 고스란히 넘어갑니다. 진나라가 실시했던 정치제도들도 한나라에서 제대로 꽃피우게 되고요.

여기서 하나 말할 게 있습니다. 수많은 나라가 명멸한 중국에서 그 주체가 되었던 인물들이 한결같이 되뇐 말이 있습니다. "도탄에 빠진 백성을 구하기 위해 군사를 일으킨다." 사실이 그랬을까요?

야심가들이 거느린 수만, 수십만의 군사들이 도처에서 벌인 전투로 가장 피해를 입은 건 백성이었습니다. 수많은 사람이 죽고 농토는 황폐화되기 십상이었습니다. 또, 승자가 나라를 세운 뒤에는 권력 다툼과 과도한 세금 징수로 백성의 삶을 위태롭게 했습니다.

진시황은 토목사업에 백성을 동원한 것도 모자라 다섯 차례의 전국 순행을 하며 지역민들을 힘들게 했습니다. 가는 곳마다 황제의 행렬이 지나갈 도로와 다리를 건설해야 했고, 황제의 눈에 산이 마음에 안 들면 산도 무너뜨려야 했습니다.

당시의 정치는 권력자의 욕망 성취 그 자체였다고 해도 과언이 아닐 것 같습니다. 그러다 보니 한나라 경우 진나라가 시행했던 너무 엄격한 법률과 과도한 세금을 완화시키는 것만으로도 백성들의 인기를 얻을 수 있었습니다.

두 번째 황제국인 한나라를 세운 유방은 '한고조'로 불립니다.

함양에서 동남쪽으로 25km쯤 내려온 장안(지금의 시안)을 수도로 정한 한고조는 진나라 때의 황제 호칭, 중앙집권제도와 군현제도, 화폐제도와 통일문자 등 대부분의 정책을 승계해 안착시킵니다. 한나라는 후기 한나라(서기 25~220년)까지 400년을 넘게 유지됩니다.

한나라 400년은 중국 문화의 기틀이 마련된 시기입니다.

유교를 국교로 삼아 나라의 질서를 잡았고, 7대 황제 무제(기원전 156~기원전 87년) 때는 흉노족, 베트남, 고조선을 정복합니다. 무제는 중국과 서방을 연결하는 비단길(실크로드)도 개척합니다. 이때가 한나라의 전성기입니다.

비단길은 중국에서 시작해 파미르 고원, 중앙아시아를 지나 지중해까지 이르는 약 6,400km의 긴 길입니다. 이 길을 통해 한나라는 서아시아, 로마까지 비단과 약재 등을 수출하고 보석, 금, 말, 후추 등을 들여오는 문물 교류를 합니다.

이렇게 지평을 넓혀 갔던 한나라가 망한 원인은 서기 92년 이후 환관(내시)들과 외척 세력의 정치 개입이 심해진 때문입니다. 정치적으로 허약해진 한나라는 각처에서 일어난 반란, 새롭게 일어선 야심가들의 도전을 막지 못한 채 말기의 수십 년을 보냅니다.

그중에 크게 세력을 떨친 인물들이 고전소설 《삼국지》에 나오는 조조, 유비, 손권입니다. 서기 220년 조조의 대를 이은 아들 조비가 한나라의 황제인 헌제를 폐위시키고 위나라를 세우면서 한나라는 막을 내리게 됩니다.

이때부터는 북쪽의 위나라, 서쪽의 촉한(유비가 건국), 동쪽의 오나라(손권이 건국)가 패권을 겨루는 삼국시대입니다. 이후 중국은 589년 수나라가 다시 통일하기까지 수세기 동안 분열 상태를 이어 갑니다.

삼국시대를 끝나게 한 서진과 동진, 5호16국 시대(흉노, 선비, 저, 갈, 강의 다섯 이민족이 시차를 두고 세웠던 16국), 남북조시대(남쪽은 한족, 북쪽은 이민족이 지배)가 그런 모습입니다.

하나 특기할 점은 이민족이 한족을 최초로 지배했던 5호16국 시대 때의 중국입니다. 정복이 이루어지면 보통은 기존 민족의 문화를 정복 민족의 문화가 덮어 버리게 됩니다. 그러나 이 시기에도 한족의 문화는 소멸되지 않고 전승되었습니다.

이민족들은 힘으로 중국 땅을 차지했지만 제도와 문화적으로는 오히려 중국에 동화되는 현상을 보인 것이죠. 이런 모습은 더 훗날 역시 중국을 지배한 요나라(거란족), 금나라(여진족), 원나라(몽골족), 청나라(여진족) 때도 다르지 않았습니다. 중국의 저력을 새삼

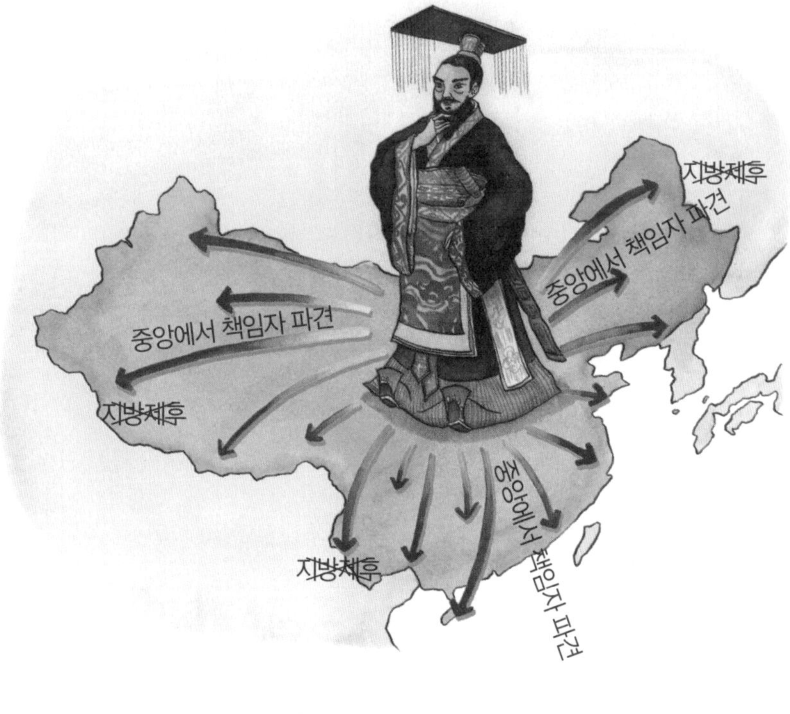

나라의 개념을 한 단계 업그레이드시킨 진시황의 중앙집권제도

알게 해 주는 일이라 하겠습니다.

남북조시대를 끝나게 한 수나라는 북조에 속한 나라 중 하나였던 동주가 다른 나라들을 복속시켜서 이룬 나라입니다. 하지만 수나라는 38년밖에 가지 못합니다. 세 차례나 고구려를 침공했다가 실패하며 국력을 소모한 것이 문제가 되었습니다.

그 힘의 공백을 노려 나라를 세우고 수나라를 흡수한 것이 당나라입니다. 이후 중국은 대부분의 시기를 통일제국 상태로 이어갑니다.

문화가 가장 융성했던 당나라 → 경제가 제일 발전했던 송나라 → 몽골족이 세운 원나라 → 다시 한족이 중국의 주인이 된 명나라 → 여진족이 세운 마지막 제국 청나라가 현재의 중국 이전의 나라들입니다.

계속된 통일제국답게 최고권력자에 대한 호칭은 한결같이 황제였고, 우리나라와 일본 등 주변 나라의 왕들도 중국의 황제를 받들었습니다.

그래서 신하들이 존경심을 표시할 때도 황제에 대해서는 만 년을 누리라는 뜻에 '만세萬歲'라고 했지만 우리나라를 비롯해 왕에 대해서는 천 년으로 바꾸어 '천세千歲'라고만 쓸 수 있었습니다.

진시황의 정부제도는 아시아 왕정정치의 기본이 되었다

진시황은 두 얼굴의 권력자로 역사에 기록되어 있다.

그는 군현제로 대표되는 중앙집권제도를 실시하고, 도로망을 건설하고, 화폐와 각종 단위를 통일해 광대한 국토를 다스릴 수 있는 기틀을 세웠다.

그러나 그 못지않게 폭군의 이미지도 강하다. 자신의 정치 방식을 비판하는 유생(유교를 신봉하는 선비)들을 생매장해 죽이고 실용서(의약과 농업서 등) 외의 모든 책을 불사르는 '분서갱유' 사건을 일으켜 수천 명의 학자를 죽였다. 또, 만리장성과 아방궁, 병마용 무덤을 축조하기 위해 수많은 사람을 동원하는 등 민생을 돌보지 않았다.

이로 인해 진시황은 통일 황제, 개혁가, 독단적이고 잔인한 폭군 등 극과 극의 인물로 인식되고 있다.

그렇다 해도 진시황의 업적은 엄청나다. 춘추시대 중기에서 전국시대 초기에 싹을 틔운 '나라'의 개념을 한 단계 업그레이드한 통일제국을 건설했고, 그가 도입한 여러 제도는 이전까지 누구도 생각하지 못한 것이었다.

진나라 이전에는 왕이 친인척들을 제후로 삼아서 영토를 관리하는 것이 보통이었다. 진시황은 친인척과 공신들에게는 토지와 금전적인 상을 내리는 것으로 대우하고 지방정치는 행정구역 단위로 중앙정부에서 파견한 관료를 통해 직접 통치하는 군현제를 도입했다.

또, 중앙정부에는 삼공(三公) 구경(九卿)을 두어 정부제도의 기본 골격으로 삼았다. 삼공은 나라의 행정을 총괄하는 3명의 총리급 대신, 구경은 장관급에 해당하는 9명의 부처별 책임자를 의미한다. 이러한 정부제도는 이후 중국 정치의 표준이 되었고, 우리나라의 왕국들도 유사한 관제를 도입했다.

조선의 경우 삼공에 해당하는 영의정・좌의정・우의정이 있었고, 9명의 장관급 대신으로는 좌찬성과 우찬성, 6조 판서, 한성부 판윤(지금의 서울시장)을 두었다.

한반도는 삼국시대 때
중앙집권체제를 이루었다

"저 시대에 철제 무기가 있었나?"

부여나 삼국시대 초기를 무대로 하는 드라마를 보는 사람들이 가끔 던지는 질문입니다. 한반도의 철기시대는 언제부터 시작되었을까요?

먼저 철기시대를 연 중국으로부터의 전파 역사와 땅속 출토물 등을 연구하는 학자들은 한반도의 철기시대가 기원전 300~서기 300년에 걸쳐 형성된 것으로 추정합니다. 왜 600년이나 잡는가 하면 워낙 오래전의 일이고 지역 간의 교류가 활발하게 이루어지기 전이기 때문입니다.

그런 가운데 주목할 만한 사실이 하나 있습니다. 한반도에 존재했던 나라들은 일찌감치 높은 수준의 정치제도를 일구었다는 점입니다. 삼국시대 초・중기에 중앙집권체제를 구축한 것이 그런 모습입니다.

유럽이 중세 봉건시대(지방 영주들의 세력이 커서 왕권이 전국에 닿지 못했음)를 거치면서 15세기까지 중앙집권체제가 미뤄졌던 것과 비교할 때 한반도가 먼저 전국 정치의 모습을 드러냈다고 할 수 있습니다.

한반도에 최초로 등장한 나라는 고조선입니다. 본격적인 왕정국가는 아니었지만 최초라는 면에서 의미가 큽니다. 고조선은 역사서에도 언급되어 있습니다. 중국 춘추시대 제나라의 관중(?~기원전 645년)이 썼다는 《관자管子》라는 책에 고조선이 중국 제나라와 교역을 했다는 기록이 나옵니다.

고조선은 기원전 109~기원전 108년 한나라의 10만 대군의 침공을 받고 왕검성에서 저항하다 멸망했습니다. 왕검성 전투를 지휘한 우거왕 이야기와 몇 가지의 법률 등이 전해 오는 고조선은 단지 전설이 아니라 우리 역사의 꼭대기에 있는 나라입니다.

한반도에 나라다운 나라가 세워진 건 삼국시대부터입니다. 중국에서 한나라가 전성기를 펼쳐 가던 때인 기원전 57년 신라, 그 20년 뒤 고구려, 또 그 19년 뒤 백제가 건국된 일을 그렇게 봅니다.

그 이전에는 지역별로 군장국가들이 있었습니다. 고려의 김부식(1075~1151년)이 지은 《삼국사기三國史記》나 중국의 《위지동이전魏志東夷傳》 등을 통해 전해지는 고조선, 부여, 옥저, 동예, 삼한

신라 왕릉. 신라는 대군장들이 모인 연맹국가에서 출발해 중앙집권체제를 갖춘 왕국으로 나아가는 전형적인 국가 발전 단계를 보였다. ©Fotolia

(마한 · 진한 · 변한) 등은 아직 나라로서의 모습을 갖추지 못한 군장국가였습니다.

그 이유는 이렇습니다. 앞서 평등 부족사회 다음 단계에 등장한, 권력을 가진 집단의 우두머리를 군장이라고 했습니다. 한반도도 비슷한 과정을 거칩니다.

군장국가의 지배자들은 경제적인 힘을 가졌으며 청동제 무기

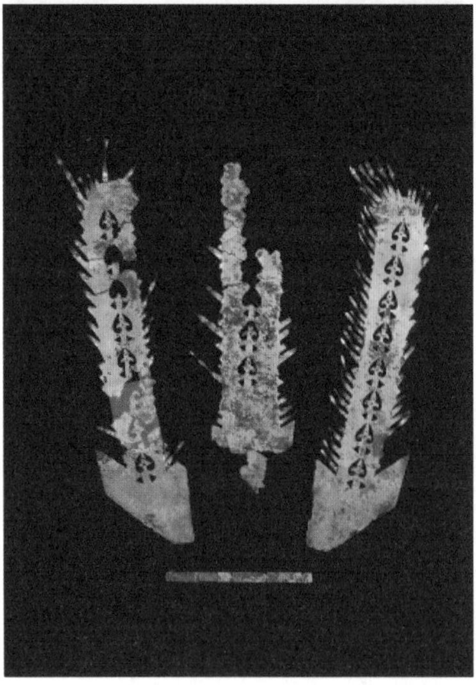

신라 금관(위쪽)과 고구려 금동관(중앙의 일부가 없어져 정확한 모양은 알 수 없음).
ⓒ국립중앙박물관

를 이용해 이웃 부족들을 복속시켜 힘을 키웠습니다. 그러나 몇 개의 부족을 연합한 정도일 뿐 큰 지역을 지배하거나 나라로서의 행정체계를 갖춘 것은 아니었습니다.

그런 이유로 인해 국가로 인정받지 못하는 것입니다. 하지만 지역 규모, 기초적인 법률, 풍속 등 전하는 사료로 보아 부여, 옥저, 동예, 삼한 등은 국가로 넘어가는 중간 단계였다고 할 수 있습니다.

그래서 연맹국가라는 말도 씁니다. 연맹국가는 군장국가가 다른 군장국가를 정복하거나 동맹을 맺어 세력을 키운 상태라고 할 수 있습니다.

한반도는 청동기문화와 군장국가의 활동이 활발했던 지역으로 꼽힙니다. 앞서 언급했듯 고인돌이 유독 많은 게 그 증거 중 하나입니다.

한반도에서의 군장국가는 당시의 토기나 장신구 등의 출토물을 통해 기원전 2000~기원전 200년경 존재했던 것으로 추정하고 있습니다. 신석기시대의 끝과 철기시대 초기에 걸친 때로 후기의 고인돌은 군장국가의 유적으로 볼 수 있습니다.

군장국가들이 연합하거나 이웃 부족들을 정복해 등장한 신라, 고구려, 백제는 중앙집권제도의 구축을 통해 나라로 성장합니다. 중앙집권제도는 군주의 전국 통치체제와 정부 조직, 법률 등을 제대로 갖추었느냐가 중요한데, 한반도의 삼국은 모두 그런 경로를

밟습니다.

신라는 나라로 성장해 가는 전형적인 과정을 보였습니다. 한반도의 삼국 중 건국 1등이면서 국가체계 구성은 가장 느렸지만 대군장이던 박씨·석씨·김씨 등 여섯 개 가문의 연맹국가에서 출발했기 때문입니다.

신라는 여러 가문이 돌아가며 왕위에 오르다가 17대 내물왕(?~402년) 때 김씨 왕위 세습을 이룹니다. 그리고 23대 법흥왕(?~540년) 때 관등제도(행정조직)와 율령(법률)을 반포해 중앙집권체제를 갖춥니다.

백제와 고구려는 신라가 여러 가문이 돌아가며 왕을 맡는 사이에 먼저 중앙집권체제를 구축합니다. 역시 왕위 세습, 율령 반포, 관등제도 정립을 드러내는데, 백제는 8대 고이왕(?~286년), 고구려는 17대 소수림왕(?~384년) 때가 그 시기입니다.

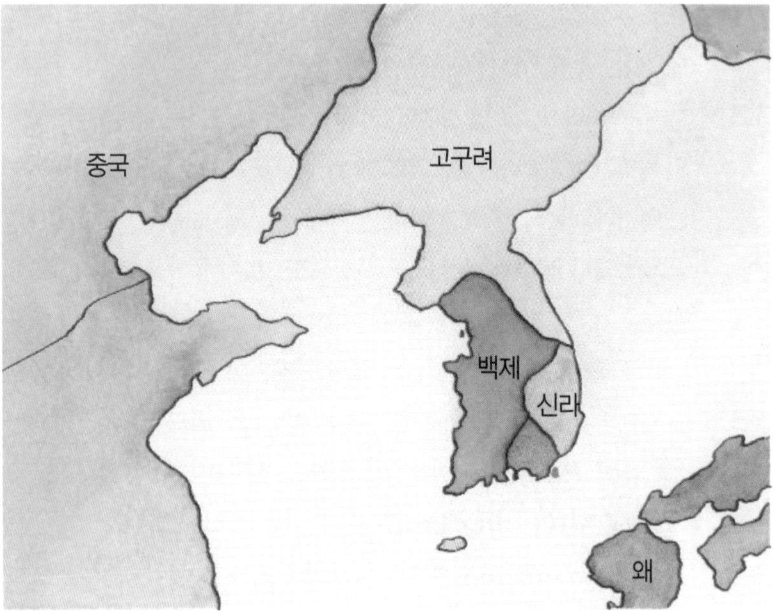

한반도 삼국의 중앙집권체제 구축:
3세기 백제 → 4세기 고구려 → 5, 6세기 신라

더 알아보기

우리나라의 청동기시대와 철기시대는?

한반도의 청동기는 기원전 10세기경 중국에서 제작법이 유입된 것으로 추정된다. 청동기시대의 한반도는 청동제 연장이나 무기를 쓰게 되었다는 것 못지않게 중대한 변화가 있었다.

도구의 혁신으로 더 강대한 부족이 등장하고 농사가 커지면서 자산의 차이가 발생했다는 점, 그리고 이를 바탕으로 계급과 군장이 나타나는 여건이 마련되었다는 점이다.

청동기시대라 해도 생활도구로는 석기와 토기, 목기를 더 많이 썼다. 청동을 만드는 방법을 알았다지만 수 세기 동안은 귀한 재료여서 제사용품인 제기나 장식품, 일부 무기 제작에 제한적으로 쓰였다.

한반도의 철기시대는 기원전 3세기경쯤 시작되었다. 이 시기에 와서는 쇠로 만든 더 정교하고 단단한 농기구를 통해 농업 기술이 크게 발달하고, 철제 무기가 개발되면서 부족 간의 전쟁도 빈번해졌다.

이 무렵과 시기적으로 겹치는 고조선 후기, 부여, 가야, 옥저, 동예는 대체로 철기시대를 바탕으로 존재했다고 볼 수 있다. 철기시대에는 중국에서 들여온 명도전, 오수전과 같은 화폐가 통용되었고 한자를 쓰는 문자생활도 했다.

청동기와 철기시대 전체적으로는 농업과 주거에 많은 변화가 일어났다. 밭농사가 일반화되고 일부 습지에서는 벼농사가 시작되었으며, 돼지와 소 등 가축 사육도 증가했다.

정교해진 도구와 문자와 화폐 사용은 사람들의 생활에도 변화를 가져왔다. 인구 밀집지가 생기고 이에 필요한 집회광장, 창고, 공공의식 장소 등이 세워졌다. 살림집은 이전의 반지하 형태의 움집에서 벗어나 지상 가옥화로 발전했다.

또, 동물이 조각된 칼, 거울, 방패 등을 제작했고, 흙으로 빚은 짐승이나 사람 모양의 토우 등 종교나 주술적 물품도 만들어 활용했다.

제3장

시민혁명으로 쟁취한 주권정치

17~18세기는 세계 정치사에 일대 변환이 불어온 시기. 영국과 프랑스에서 일어난 청교도혁명과 프랑스혁명은 그 분기점이었다. 두 사건은 오랫동안 정치의 중심이었던 제왕적 통치와 봉건제도에 시민들이 저항해 제도권을 무너뜨린 일이었다. 시민혁명은 단지 기득권층과 시민이 부닥친 역사가 아니라 오늘날 많은 나라에서 시행되고 있는, 민주주의의 싹을 틔우는 결정적 계기가 된 사건이었다.

중세 유럽은 '영주'가 지배하던 봉건사회

"이탈리아에서 출발해 프랑스를 거쳐 노르웨이까지 가 보고 싶어."

"스페인의 유명한 산티아고 길 한번 걸어 봤으면……. 스위스에서 오르는 알프스는 얼마나 근사할까."

유럽은 우리나라 사람들은 물론 모든 여행자들이 가장 가 보고 싶어 하는 곳입니다. 생활환경 면에서도 다른 대륙의 사람들이 부러워하는 유럽! 일찍이 산업화와 복지국가를 이루었고 각 나라마다 고유한 문화가 잘 간직되어 있어 관광객이 넘쳐 납니다.

게다가 유럽의 서쪽 바다인 대서양 남쪽에서 늘 따듯한 바람이 불어와 위도가 높음에도 기후가 온화하고, 땅이 비옥해 곡식과 꽃도 잘 자랍니다. 그러니 세계인이 부러워하는 땅일 수밖에요.

또, 유럽은 정치제도의 발달에서도 매우 중요한 역사를 간직한 지역입니다. 바로 지금의 민주주의가 자라난 곳입니다. 이 이야기는 유럽의 중세시대부터 시작합니다.

여기서 잠시 중요한 역사 공부 하나! 유럽의 정치사를 다룰 때 감초처럼 따라 나오는 시대 구분에 대한 이해입니다. 중세, 근세, 근대, 봉건시대와 같은 용어로, 역사학자마다 분기점으로 삼는 시기가 약간씩 달라 헛갈리기 쉽습니다. 그러므로 한 번쯤 정리하고 갈 필요가 있습니다.

먼저 '중세시대'는 서로마제국이 멸망한 5세기부터 르네상스와 종교개혁, 시민혁명이 일어난 15~17세기 이전까지를 의미합니다. 그리고 중세 이후부터 20세기 초까지를 일러 단순하게 '근대'라고 부르기도 하고, 그 사이에 '근세'라는 구분을 하나 더 넣기도 합니다.

시대 구분이 헛갈리는 이유는 위의 일들이 100년 이상의 시간을 두고 진행되어 시기를 분명하게 가르기 어렵고, 근세와 근대라는 비슷해 보이는 용어가 주는 혼란 때문입니다. 하지만 두 용어의 의미는 좀 다릅니다.

근세는 중세 이후 왕권이 크게 강화되는 절대주의가 나타나고 금・은과 같은 귀금속을 축적해 국가의 부를 증대시켰던, 중상주의가 두드러진 1500~1800년 사이를 지칭합니다. 영국, 프랑스, 스페인 등이 해외 자산을 노리고 식민지 획득 경쟁을 벌인 때이기도 합니다.

그리고 근대는 근세의 끝에 일어난 프랑스혁명(1789년) 이후부

중세 유럽의 왕은 지역의 실권자인 영주들과 권력을 나누어야 해서 절대권력자는 못 되었다.
©Fotolia

터 20세기 초 제1차 세계대전이 일어나기 전까지를 이르는 말입니다. 그 이후는 지금 우리가 살고 있는 시대인 '현대'입니다.

한편, 봉건시대는 시대를 구분 짓는 용어는 아니지만 유럽에서 봉건제도가 유지되던 6, 7세기~18세기를 그렇게 부르기도 합니다. '봉건封建'은 왕이 제후들의 토지권을 인정하거나 토지를 나누어 주어 그 지역을 통치하게 하는 것을 뜻합니다.

유럽은 중세시대까지만 해도 뜻밖에 정치적으로 조직적이지 못했습니다. 이 시기 유럽국들은 대부분 왕정국가이긴 하되 왕의 통치가 나라 전체에 닿는 완전한 중앙집권체제가 아니었습니다.

그보다는 각 나라의 지역마다 대대로 물려받은 땅을 지배하는 '영주領主'라고 불리는 귀족들을 중심으로 통치가 이루어졌습니다. 국왕 역시 영주 가운데 한 사람인 대영주가 추대된 것이어서 다른 영주들과 군신관계가 아니라 계약관계였다고 보는 게 옳습니다.

왕은 국가 운영을 위해 영주들이 거둔 세금의 일부와 군대를 지원받았고, 영주는 지위와 영지領地에 대한 지배권을 인정받았습니다. 그 외는 영주들이 왕의 명령을 받거나 하는 것이 아니어서 하나의 나라 안에 작은 나라들이 여럿 있는 거나 마찬가지였습니다. 그러다 보니 왕의 권력이 강할 수 없었고, 국가 기능의 가장 중대한 요소인 중앙집권제도가 시행될 환경이 아니었습니다.

이런 관계에서의 왕을 봉주封主, 영주들을 봉신封臣이라고 부르기도 하는데, 봉건제도 또는 봉건국가라는 표현은 여기서 나온 말입니다. 중세시대의 영국, 프랑스, 독일 등 서유럽 국가들은 대부분 봉건국가였습니다.

또, 이때의 왕에게는 종교 성직자들도 함부로 할 수 없는 존재였습니다. 유럽의 종교는 대대로 로마 교황청을 중심으로 한 가톨릭이었는데, 중세시대에는 돈을 받고 죄를 용서해 줄 만큼 타락해 있기도 했습니다.

이에 15~17세기 종교개혁을 주도한 개신교의 대항을 받고 있었지만 그래도 가톨릭 성직자들의 권위는 상당했습니다. 일부 성직자들은 왕이나 영주들로부터 받은 많은 땅을 가지고 있었고, 마녀사냥이라는 이름으로 여자를 광장에서 불로 태워 죽이는 이상한 믿음도 저질렀습니다.

기록에 따르면 마녀사냥으로 희생된 사람이 수만 명에서 수십만 명이나 되었다고 합니다. 때로는 왕과 귀족, 성직자가 결탁해 반대파를 누르는 수단으로 마녀사냥을 악용하기도 했습니다.

왕이 왕답지 못한 역사가 이어지던 때였습니다. 전쟁 등 특별한 시기에 왕권이 강화된 적도 있었지만 정치에 질서가 없어 나라 법보다는 영주의 품성에 백성들의 행복이 좌우되던 그 시절 유럽입니다.

유럽을 배경으로 하는 영화에서 오래되고 멋진 성을 본 적이 있을 겁니다. 일부 나라에 지금도 남아 있는, 귀족의 뿌리인 영주들이 살던 집이거나 과거 성직자들의 수도원입니다. 그 뒤에는 힘없는 보통 사람들의 눈물도 배어 있는 거죠.

영주의 지배 아래 살던 백성들은 '농노農奴'라고 불렸는데, 주로 농사나 수공업에 종사하며 영주에게 세금을 냈습니다. 또, 직업군인인 '기사'들이 있어 봉급을 받고 영주를 위해 일했습니다.

이렇게 영주들이 지역을 지배하고 그들의 영지를 합쳐서 하나의 나라를 구성하는 봉건국가, 그 기반인 봉건제도는 유럽 전체적으로 1,000년 이상 지속되었습니다.

(학자에 따라서는 영주가 소유한 영지를 '장원'으로 지칭해 '장원제도'라고 부르기도 합니다.)

중세 유럽 영주의 당시 위상이 느껴지는 고성(古城). ©Fotolia

한 가지 더. 중세시대 유럽에서 왕권과 영주들의 권한이 공존했다고 해서 정치적으로 낙후되어 있었다고 단정하는 건 좀 무리가 있습니다. 영주들의 존재를 오늘날 대부분의 나라에서 시행하고 있는 지방자치제도의 뿌리로 볼 수도 있기 때문입니다.

영주들이 땅을 소유한 건 다른 점이지만 지역의 수장이 일상적인 통치 권한을 갖는 지방자치제도와 닮아 보이기도 하니까요. 같은 맥락에 미국의 연방제도는 그것의 현대화된 모습이라고 할 수 있습니다.

봉건사회의 구조

정치적인 희생양 찾기로 번진 마녀사냥!

14~17세기 유럽에서 성행한 '마녀사냥'은 악마가 인간의 영혼에 깃들어 악한 행위를 한다는 불안에서 생겨났다. 이러한 생각은 어느 나라에나 있는 민족신앙에서 파생된 것이거나 십자군전쟁을 통해 동방에서 전파된 문화가 융합된 것으로 보기도 한다.

악마가 깃든 사람을 처결하는 데는 종교적인 퇴마사가 악마를 퇴치해 내는 방식이 쓰였다. 그래도 안 되면 가두거나 죽여서 세상과 단절시켰다.

그중 한 방법이 스위스와 크로아티아에서 유래된 민간 법정의 형태로 마녀를 단죄하는 것이었다. 재판에서 마녀로 확정되면 공개 처형하는 식이었다. 이것이 악마 퇴치의 한 수단으로 유럽에 퍼졌다.

처음에는 기독교의 특정 종파에서 시행했다고 하는데, 나중엔 로마 가톨릭도 신교(기독교)나 이단파에 대한 대응법으로 관심을 가지게 되었다.

마녀사냥은 17세기까지 20만~50만 명의 사람들을 처형대에 올리는 살인 행위로 전개되었다. 특히 영국과 프랑스가 프랑스의 왕위계승 문제를 두고 1337년부터 116년간 싸운 백년전쟁이 끝난 뒤 극심했다.

전쟁으로 피폐해진 민심을 달랠 희생양이 필요했던 것이 마녀사냥으로 번졌다. 백년전쟁의 영웅으로 추앙받던 프랑스의 잔 다르크도 영국군에 잡힌 뒤 마녀재판을 받고 화형에 처해졌다.

마녀사냥의 이면에는 정치적인 이익을 노린 권력과 종파 간에 우위를 점하기 위해 상대의 신앙을 적으로 몰아갈 필요가 있었던 교회가 존재했다.

마녀의 개념이 당시 유럽인들의 반유대주의(유대교 및 유대인에 대한 반대)와 결합하면서 마녀상도 만들어졌다. 아이를 잡아먹는 매부리코를 가진 여인이 그것이다. 만화영화에 곧잘 등장하는 마녀할멈도 모습이 유사하다.

민주주의의 뿌리가 된
영국과 프랑스의 시민혁명

우리나라에서도 크게 히트한 뮤지컬영화 〈레미제라블〉(원작은 빅토르 위고 소설) 보았는지요. 빵 한 조각을 훔친 죄로 19년을 감옥에서 보내고 나온 장발장이 겪게 되는, 18세기 프랑스를 무대로 한 영화입니다.

영화의 후반부에 보면 파리에서 시민들이 군대에 맞서는 장면이 나옵니다. 영화로 재현된 프랑스혁명입니다.

"민중의 노래가 들리는가? 분노에 찬 사람들의 외침이."

"다시는 노예가 되지 않겠다는 사람들의 다짐이다!"

"그대 심장의 박동이 드럼을 두드리며 울릴 때, 내일과 함께 시작되는 새 삶이 도래하리라."

영화 〈레미제라블〉 속의 명대사들입니다. 이번 장에서 필요해 영화 이야기를 끌어와 봤습니다.

중세-근세시대의 유럽에서는 세계 정치제도에 커다란 영향을 끼친 두 가지 일이 일어납니다. 바로 영국에서 의회, 프랑스에서 공화국이 생겨난 겁니다.

의회(우리나라 경우 국회, 지방자치단체 의회 등)는 오늘날 대부분의 나라에서 시행하고 있는 의회민주주의 제도의 기반이고, 공화국은 국민이 선거를 통해 나라의 통치자를 직접 뽑는 국가 형태를 말합니다. 둘 다 민주주의를 이루는 데 매우 중요한 제도입니다.

시민혁명 이야기를 본격적으로 열기 전에 의미심장하고 재미있는 구분 하나를 제시합니다. 국민과 시민은 어떻게 다를까요? 국가를 구성하는 사람, 도시에 사는 사람 같은 사전식 설명이면 될까요?

이 장에서 '시민'이라는 말을 많이 쓰기도 하거니와 이렇게 구별하면 좋을 것 같습니다. '국민'이 단지 출생에 의해 얻는 자격이라면 '시민'은 권리와 의무, 정치적 의식을 가진 능동적인 주체라고 하겠습니다. 그래야 시민혁명이라는 말과도 호응되니까요. 물론 17세기 시민혁명 당시에는 그렇게 구체적인 의식까지는 아니었겠습니다만.

먼저 영국에서의 의회 탄생과 시민혁명 이야기를 해 볼까요? 13세기 영국의 왕이던 헨리 3세(1207~1272년) 때부터 시작해야 합니다. 헨리 3세는 프랑스, 이탈리아와 전쟁을 치르며 귀족들에게 무리한 비용 지원을 요구했습니다.

이를 견디지 못한 귀족들이 반란을 일으켜 왕과 왕자를 포로로 잡는 일이 벌어집니다. 이 일을 계기로 1265년 귀족들과 기사, 시민들의 대표가 고루 모인 단체를 구성해 왕의 권력을 견제했는데, 이 단체의 회의가 역사상 가장 오래된 영국 의회의 시초입니다.

그때로부터 380여 년 뒤, 영국에서는 때로는 왕의 권력이 강하고, 때로는 시민계급이 강해지는 경쟁관계가 생겨났습니다. 저 유명한 청교도혁명 → 왕정 부활 → 다시 시민들에 의한 명예혁명으로 이어진 게 그런 모습이죠. 이런 단계를 거치며 오늘날 대다수의 나라에서 시행하는 의회민주주의가 싹을 틔웠습니다.

청교도혁명은 1642~1649년에 진행된 내전內戰 혁명으로 주도 세력에 청교도淸敎徒들이 많았던 데서 그 이름이 유래합니다. 청교도는 영국의 전통적 종교인 성공회聖公會의 권위와 세속주의에 맞서 신앙과 도덕성을 강조하며 일어난 새로운 종파입니다.

1600년대의 영국은 왕의 권한이 매우 강하던 때였습니다. 이런 절대적인 권력을 일러 '절대주의'라고 합니다. 절대주의가 나타난 배경에는 시민계급에 의한 상공업의 증진과 해외 식민지 사업을 통한 재정력의 축적이 있었습니다. 왕은 이를 바탕으로 충성심 높은 관료와 군대를 강화했습니다.

그런데 시민계급은 절대주의의 기반이 된 것을 넘어 권리의식을 키웠고, 나아가 절대권력에 저항하는 새로운 역사를 낳습니다.

1625년 왕위에 오른 찰스 1세(1600~1649년)가 그 빌미를 제공합니다. 의회의 승인 없이 관세와 선박세를 부과하고 군법을 일반인에게까지 적용한 것이 그 일입니다. 이에 의회는 왕이 의회의 승인 없이 함부로 과세할 수 없도록 하는 '권리청원'을 제출합니다(1628년).

이 일로 의회와 국왕의 대립이 심해지며 1642년 청교도혁명이 일어나 7년을 싸우게 됩니다.

전투는 청교도 신자이면서 의회군을 이끈 올리버 크롬웰(1599~1658년) 군대의 승리로 끝납니다. 크롬웰은 1649년 왕정을 폐지하고 공화정을 수립해 대표가 되었으며, 찰스 1세 왕은 재판을 받고 처형됩니다. 이를 청교도혁명이라고 합니다.

크롬웰은 사회를 안정시켰으나 독재정치를 펴고 지나치게 금욕적인 생활을 강요해 국민의 불만을 삽니다. 이 틈을 노린 왕정

청교도혁명 성공 후 혁명파는 찰스 1세 왕을 사형시켜 절대권력이 종식되게 했다.

파는 1658년 크롬웰이 죽자 왕정을 부활시킵니다.

이때 왕위에 오른 제임스 2세(1633~1701년)는 다시 절대주의로 돌아가는 제도를 강화해 나갑니다. 이에 의회 지도자들과 귀족들이 대항해 1688년 제임스 2세를 물러나게 하고 장녀인 메리(1662~1694년) 부부를 공동 왕으로 추대합니다.

그러면서 의회가 만든 '권리장전'이라는 법안을 왕이 받아들이도록 합니다(1689년). 권리장전의 주요 내용은 법률의 제정과 집행, 세금 징수, 군대 운영 등 중요한 국사에 대해 의회의 승인을 받도록 하는 것입니다. 또, 사법권을 독립시켜 왕도 의회도 간섭하지 못하도록 했습니다.

의회에 의해 추대된 왕은 권리장전을 받아들일 수밖에 없었습니다. 이때 피를 흘리지 않고 왕의 1인 통치를 없앴다 하여 이를 '명예혁명'이라고 부릅니다.

권리장전은 왕의 권한을 제한하고 의회가 새롭게 정치의 중심에 서는 큰 사건이었습니다. 권력의 상징인 군대에 대한 명령권까지 의회 아래 두었으니 의회의 힘이 왕보다 더 세진 거죠.

1760년 영국에서 시작된 산업혁명도 시민의 주권의식을 성장시킵니다. 산업혁명은 기계의 발명과 기술의 발달에 의한 사회・경제상의 변화를 말합니다. 큰 공장이 생기고 농촌 인구가 도시로 몰린 것은 산업혁명이 가져온 외적 변모입니다.

하지만 산업혁명을 그렇게 물질적으로만 해석해서는 안 됩니다. 자본가와 노동자 계층의 대립이 가져온 시민의식의 성장과 근로조건 개선 등 여러 민주적 사회제도가 생겨나는 계기가 되었기 때문입니다.

프랑스에서의 혁명은 루이 14세(1638~1715년) 왕이 재임하던 때부터 이야기를 시작하는 게 이해에 도움이 됩니다. 루이 14세는 겨우 여섯 살 나이에 왕위에 올라 장장 72년을 통치하며 수많은 전쟁을 치렀습니다. 영국・스페인・네덜란드 연합군, 독일 등 거의 전 유럽과 싸웠죠. 영토 문제, 왕위계승 문제 등 전쟁의 이유도 다양했습니다.

60만 대군을 거느렸던 루이 14세는 영주들에게 더 많은 지원금을 요구했고, 지원금을 낼 돈이 부족한 영주들은 영지를 버리고 왕의 신하로 들어가는 일도 생깁니다. 프랑스에서 가장 왕권이 강했던 시기입니다. "짐이 곧 국가다." 루이 14세가 남긴 유명한 말입니다.

계속되는 전쟁으로 국민들의 살림은 점점 나빠져 갔습니다. 당시 제1신분인 성직자들과 제2신분인 귀족들은 인구의 2%에 불과했지만 전체 땅의 40%를 차지하고 있었습니다. 그럼에도 세금은 평민들만 부담했습니다.

> 베르사유에 계시는 우리 아버지,
> 아버지의 이름은 이제 거룩히 여겨지지 않습니다.
> 아버지의 뜻은 땅에서나 바다에서나,

프랑스혁명은 유럽에서 봉건시대를 끝내고 근대시대를 여는 전환점이 되었다. 그림은 1790년 다비드가 그린 프랑스혁명 기록화.

그 어디서나 도대체 이루어지지 않습니다!
제발, 우리에게 일용할 양식을 주시옵소서.

루이 14세 시절, 주기도문에 빗대어 왕을 비방하는 대자보가 파리와 프랑스 곳곳에 나붙었습니다. 그의 뒤를 이은 왕들도 국민들을 보살피지 않았습니다. 루이 15세(1710~1774년)는 소심하고 방탕해 정치를 신하에게 맡겼고, 루이 16세(1754~1793년)는 개혁을 할 만한 신념이 부족했습니다.

왕과 귀족들의 횡포를 더는 참을 수 없었던 파리 시민들이 마침내 혁명을 일으킵니다. 1789년 6월, 시민들이 왕(루이 16세)이 거처하는 베르사유 궁으로 몰려가 국민이 대표가 되는 '국민의회'를 선언합니다.

왕은 군사력으로 시민들을 막으려 했지만 혁명은 전국으로 번져 갑니다. 지방에서는 농민들이 영주의 성을 습격하고 봉건 문서를 불태우기도 했습니다. 결국 왕과 귀족들은 물러설 수밖에 없었습니다. 영화 〈레미제라블〉에서도 당시의 프랑스혁명 장면들이 묘사되어 화면이 비칩니다.

"인간은 태어나면서부터 자유와 평등의 권리를 가진다."(인권선언 제1조)

프랑스혁명은 모든 국민의 자유와 평등을 젓째로 하는 '인권선언'을 낳습니다.

1789년 8월 국민의회가 채택한 인권선언문은 인간의 자연적 평등, 국민 주권, 언론・출판・신앙의 자유, 국민 의사에 따른 법의 제정, 재산권 인정 등의 내용을 담고 있습니다.

지금이야 인권, 자유, 평등과 같은 말을 당연한 듯 쓰지만 그때만 해도 없다시피 하던 개념이었습니다. 귀족은 날 때부터 귀한 몸이고 평민과 노동자는 불평등한 삶을 숙명으로 받아들이던 때였죠. 그런 면에 230여 년 전의 인권선언은 위대한 일이 아닐 수 없습니다.

프랑스혁명은 시민계급이 권력의 전면에 나선 이례적인 일이었습니다. 귀족들과 성직자들의 토지 소유권과 교회 재산 등 여러 특권이 철폐되고, 신분적인 불평등이 타파되는 일대 전환점을 가져온 혁명입니다.

이후 프랑스에서는 의회 성격의 '국민공회'가 생겨나고 루이 16세의 폐위와 함께 공화정이 선포됩니다. 루이 16세는 프랑스혁명 4년 만인 1793년 반역죄 명목으로 단두대에서 처형됩니다.

그렇다고 프랑스의 공화정이 쉽게 탄탄대로를 걸어간 건 아닙니다. 꽤 오랜 기간의 혼란도 이어집니다. 1795년 새로이 제정된 헌법으로 뽑은 5명의 총재가 나라를 다스리는 총재정부 → 1804년 총재정부를 무너뜨린 나폴레옹(1769~1821년)의 황제정치 → 왕정 부활 등 공화정을 방해하는 역사가 따릅니다.

그렇지만 민주주의를 향한 큰 물길이 막히지는 않았습니다.

1815년 나폴레옹이 영국-프로이센(독일) 연합군과 겨룬 워털루(벨기에 땅) 전투에서 패해 몰락한 이후 한동안 왕정이 시행되었지만, 1848년 상공업 노동자들이 '2월 혁명'을 일으켜 다시 왕정을 무너뜨립니다. 그리고 새 헌법을 제정한 프랑스는 1848년 유럽에서 가장 먼저 국민의 직접투표로 대통령선거를 실시하는 나라가 됩니다.

이 선거에서 나폴레옹의 조카 루이 나폴레옹 보나파르트(1808~1873년)가 프랑스의 첫 대통령으로 선출됩니다. 그는 스스로 쿠데타를 일으켜 황제정치를 부활시키기도 했으나 오래가지는 못합니다. 1871년 다시 대통령제를 복원한 프랑스는 현재까지 공화국의 역사를 이어 오고 있습니다.

이 모두의 출발을 연 프랑스혁명은 최초로 시민계급이 주체가 되어 평등 사회의 길을 개척한 사건으로 역사에 남아 있습니다.

13C 영국 왕 헨리 3세의
과도한 군비 지출

↓

1265년 귀족, 기사, 시민이
대표 결성해 왕을 견제(의회 시초)

↓

1642년 찰스 1세의 독재정치에
대항한 청교도혁명

↓

1689년 명예혁명(권리장전 채택)

18C 프랑스 루이 16세의
방탕한 정치

↓

1789년 프랑스혁명
(시민들이 국민의회 선언)

↓

1789년 국민의회의
인권선언문 채택

↓

1848년 상공업 노동자에 의한 '2월 혁명',
같은 해 유럽 최초 대통령선거 실시

시민혁명이 탄생시킨 영국의 권리장전(왼쪽)과 프랑스의 인권선언문

더 알아보기

청교도, 많이 들은 말인데 뭐지?

영국은 1534년 로마 가톨릭으로부터 분리해 나간 성공회(聖公會)의 탄생지다. 성공회는 성경의 구약과 신약 66권 외에 외경(外經) 14권을 준경전으로 받든다.

청교도(淸敎徒)는 이 성공회와 기존 가톨릭 모두의 제도에서 벗어나 1500년대 중후반 종교법을 새로 제정하고 신앙의 방법을 달리한 종파다. 스위스의 종교 개혁자 캘빈(1509~1564년)이 일으킨 사상운동과 맥이 닿는다 하여 캘빈주의라고 표현하기도 한다.

청교도는 권위적이고 세속적으로 변질된 기존 종교에 맞서 신에게의 절대복종을 주장하고, 향락을 제한하는 윤리적인 생활과 도덕적 훈련을 신앙의 바탕에 두었다. 나아가 국가나 정치 등도 신의 영광 아래 있다고 생각했다. 그래서인지 지금도 청교도라고 하면 청빈하고 도덕적인 삶이 연관 이미지로 인식되곤 한다.

개혁 정신을 앞세운 그들은 1642년 절대왕정에 대항해 일어난 청교도혁명의 주체가 된다. 하지만 성공회를 국교로 채택한 영국 왕실의 박해를 받았다.

이를 피해 청교도들은 네덜란드와 신대륙인 미국 등지로 종교의 자유를 찾아 나선다. 1620년 미국 매사추세츠 주 플리머스에 이주해 새 터전을 일군 이들이 이듬해 처음으로 거둔 결실에 대한 감사제를 벌인 것이 오늘날 추수감사절(Thanksgiving Day, 11월 넷째 목요일)의 유래다.

청교도는 종교적으로 1827년에야 비로소 가톨릭과 동일한 권리를 인정받았다. 청교도들의 금욕주의적인 삶의 태도를 일컬어 청교도 정신이라고 한다. 종교 개혁에서 시작된 청교도운동은 현재의 장로교, 침례교, 감리교 등이 생겨나는 모태가 되기도 했다.

국민 주권주의를 성장시킨 근대국가

'근대'는 근세시대보다 나중이고 그렇다고 현대라고는 할 수 없는 그 중간 시기를 뜻합니다. 여기에 '국가'를 붙인 근대국가는 18세기 프랑스혁명 이후부터 20세기 초 사이에 민주적인 통치체제를 일으킨 나라들을 지칭합니다.

개별 국가로 보면 영국, 프랑스, 독일 등과 같은 나라들입니다. 이들 나라는 민족적 통일과 중앙집권화를 이루어 근대국가로 자리 잡습니다.

근대라는 명칭만의 구별이 아니라 근대시대에는 실제로 정치의 방법과 사람들의 의식면에서 많은 변화가 일어납니다. 영국과 프랑스의 시민혁명이 뿜어낸 에너지가 그만큼 컸던 것입니다.

과거의 정치와 가장 큰 차이라면 국민의 대표기관인 의회가 제정한 법률에 따라 나라를 운영하고(법치주의), 국민의 자유와 권리를 헌법으로 보장했다는 점입니다(입헌주의). 그런 만큼 근대국가는 고대의 도시국가, 중세시대의 봉건국가 또는 왕정국가와는 정치를 대하는 개념부터가 다르다고 할 수 있습니다.

무엇보다 시민층, 즉 부르주아지가 정치의 주도권을 쥐었다는 점이 전 시대와 다릅니다. 법률로 보호되는 자유와 인권, 선거를 통한 정치 참여 등이 대표적인 모습입니다.

영국과 프랑스가 일으킨 근대국가적인 사고는 유럽의 다른 나라들로도 물이 흐르듯 퍼져 갔습니다. 지리적인 인접성에 유럽은 거의 한 나라처럼 생각을 주고받을 수 있는 환경이니까요.

더불어 근대에는 경제적으로 자본주의가 확산되고, 정치 이념, 사회, 예술 등을 통해 인간 내면의 의식 변혁도 왕성하게 일어났습니다. 그런 면에서 예술, 특히 문학은 달라진 사회, 만들어 가야 할 사회에 대한 생각을 다양하게 쏟아 냈습니다.

《올리버 트위스트》, 《두 도시 이야기》를 쓴 찰스 디킨스(영국), 《노트르담 드 파리》를 쓴 빅토르 위고, 《적과 흑》을 쓴 스탕달(이상 프랑스), 《전쟁과 평화》, 《안나 카레니나》를 쓴 레프 톨스토이, 《죄와 벌》, 《카라마조프가의 형제들》을 쓴 도스토옙스키(이상 러시아) 등이 당시에 활약한 작가들입니다.

이들 작가들은 자아중심주의, 자유주의, 합리주의 등을 소재로 인간의 내면을 그려 냈습니다. 아마도 우리가 읽는 고전명작 중 절반 이상이 근대시대에 나온 작품일 것 같습니다.

시민혁명 때의 런던과 파리가 배경인 찰스 디킨스의 소설 《두 도시 이야기》. 근대의 의식 변화는 예술에도 투영되었다.

그러나 근대국가에는 아직 미숙한 점이 있었습니다. 국민의 권리와 자유 보장을 중시한 나머지 정치가들은 나라의 수호, 외교,

치안을 책임지는 것 외에는 사회를 그야말로 자유경쟁에 맡겼습니다.

이때를 일러 학자들은 질서와 치안을 상징하는 '야간경비'라는 말을 넣어 '야경국가'라고 부르기도 합니다. 국방이나 치안과 같은 질서 문제 외의 나머지는 사람들 간의 자유경쟁에 맡긴다는 의미죠. 현재의 자본주의, 시장경제의 초기 모습입니다.

그런데 문제가 생깁니다. 공업과 상업 등 산업이 발달하며 부자층과 노동자층으로 사람들이 나뉘기 시작하는데, 가난하고 힘없는 사람들이 피해를 입는 일이 너무 많은 겁니다.

"시장에서 올리브기름을 사려고 하는데 상인들이 물건을 쌓아 놓고 안 팔아요. 그러다 보니 값이 두 배나 뛰었어요. 값을 올려서 팔려는 것 같은데 어떻게 좀 못하게 해 줘요."

"물건을 훔치는 게 아니라면 자유경쟁인데 어쩌겠나. 알아서들 해결해."

가난한 사람들의 처지를 정부가 돌보지 않는 상태에서의 자유는 부자들에게 당연히 유리할 때가 많습니다.

회사가 직원들을 밤늦도록 부리면서 너무 적은 급여를 주고, 심지어 아이들까지 노동을 해야 겨우 먹고살 수 있었습니다. 또, 공장에서 일을 하다가 다쳐도 보상해 주지 않고, 노동자를 정당한 이유 없이 해고하는 등 무조건적인 자유는 약자에게 너무 불리한 것이었습니다.

이런 문제를 하나씩 개선해 간 것이 현대 민주국가입니다. 정부가 나서서 사회를 관리하기 시작한 것이죠. 법으로 근로시간을 제한하고, 미성년자의 노동을 금지하고, 세금으로 사회적 약자나 장애인들을 돕고, 국민이 의무교육을 받을 수 있도록 하는 등의 정책들이 그런 것입니다.

그에 앞서 현대국가로의 길을 가로막는 거대한 장벽도 있었습니다. 자기 나라의 이익을 위해 약소국을 식민 지배하는 제국주의의 유행(전 시대 유럽 강국 대부분이 해당), 공산국가의 탄생, 제1, 2차 세계대전을 일으킨 독일과 일본에서 나타난 전체주의(개인보다 국가 우선) 등은 근세-근대와 현대 초기의 오점이었습니다.

오늘날의 민주주의는 이런 과정을 거쳐 발전해 왔습니다. 물론 더 많은 구체적인 제도와 법률, 사회적인 합의가 나와서 민주주의를 성숙시켰습니다. 그중 민주주의를 굳건하게 하는 기둥과도 같은 대표적인 정치제도가 뒤에 나오는 대통령제와 의원내각제입니다.

근대를 기점으로 성장해 간 민주주의에 대한 개념도 한번 확실히 짚고 가겠습니다. 이는 현대 민주주의를 위한 대전제이기도 할 것입니다.

민주주의의 반대말은? 하고 물으면 공산주의라고 답하는 사람이 적지 않습니다만 권위주의라고 해야 옳을 것 같습니다. 더 쉽게 말하면 독재 또는 전체주의가 그에 해당합니다. 왜 그런가 하면 민주주의는 무엇보다 개인의 권익을 우선하고, 전체주의는 국가 집단(사실은 절대적 지배자)을 상위에 두니까요. 개인의 권익이 무시되는 것으로 치면 지금은 공산국가들도 만만치 않습니다만.

개인의 자유와 권익을 침해하면 민주주의가 아니라는 것을 강조하고 싶어서 쓴 말입니다. 민주주의democracy의 어원을 봐도 그렇습니다. demos(민중) + kratia(권력)이 합쳐져서 생긴 말이 민주주의입니다. 여기서 민중은 구성원 하나하나의 집합체입니다.

민주정치는 바로 이 영역에 있습니다. 즉, 나의 권익에 도움이 될 것 같은 통치자 또는 정당을 선거를 통해 선택하고, 그 임기를 제한해 독재를 방지하고, 삼권(행정 · 입법 · 사법)을 분리해 권력을 분산하고, 국회를 두어 상호 견제하게 하는 것이 그렇습니다.

민주주의는 법치와도 통합니다. 이는 법을 지키라는 말이기보다는 법에 의해 정치를 수행하고 그 결과 역시 누구에게나 공정해

산업혁명은 기계에 의한 생산과 함께 노동자 권익에 대한 사회적 각성을 불러오는 계기가 되었다.

야 한다는 것을 의미합니다.

그렇다면 민주주의에서 중시하는 자유의 범위는 어디까지일까요. 이 질문에서 명심해야 할 것은 다른 개인의 자유도 중요하다는 사실입니다. 즉, 타인의 자유와 권익을 침해하지 않는 선까지가 자유의 경계입니다.

예를 들면 타인의 생명의 자유를 침해하면 살인죄, 재산의 자유를 침해하면 절도죄가 성립될 것인데 그 선을 넘지 않는 자유가 민주주의인 것입니다.

근대국가의 모순

더 알아보기

중세-근대시대의 우리나라는?

삼국시대 이래 우리나라는 중앙집권체제에 기반한 왕정국가를 지속했다. 고려 때 원나라(몽골족)에 의해 왕의 자리가 좌우되는 사실상의 식민지배 시절도 있었지만 왕정은 한반도 국가의 한결같은 정치체제였다.

이 말은 대한민국 건국 이전까지는 정치제도의 발전과 관련해 언급할 내용이 별로 없다는 뜻도 된다. '왕이 곧 나라'라는 개념을 넘어설 만한 제도적 변혁이 없었으니까.

그래도 몇몇 살펴볼 장면들은 있다. 조선 개국의 공신이자 학자였던 정도전이 이루고자 했던 '재상 중심의 정치'(나중 서양에서 나온 입헌군주제와 유사함), 왕의 독단적 정치를 통제하는 역할을 했던 사간원(司諫院)의 활동, 왕의 열람을 금한 채 기록해 간 《조선왕조실록》은 왕정시대 속에 피어난 민주적인 모습이었다.

특히 조선 태조 때부터 철종에 이르기까지 25대 472년간의 역사를 사관(史官)이 연월일에 따라 기록한 《조선왕조실록》은 세계에서 가장 방대한 역사서로 가치가 높다(1997년 유네스코 세계기록유산에 등재).

하나 더 언급할 것은 조선의 붕당정치. 많은 역사서가 붕당을 당파싸움 중심으로 폄하해 설명하지만 그렇게 속단할 역사가 아니다. 조선에 대한 혹평은 일본 식민지시대 때 많이 생성되었는데, 조선을 이씨조선으로, 붕당을 당쟁 일색으로 몰아간 것이 대표적인 예다.

붕당정치는 지금의 정당정치와 유사하다고 할 수 있다. 물론 사림파와 훈구파, 동인과 서인, 노론과 소론 등 오랫동안 당쟁이 이어지는 가운데 폐해가 적지 않았다. 병자호란 같은 국난을 초래하고, 수많은 사람을 죽게 하고, 세도정치를 유발하고, 마지막엔 조선 멸망의 한 원인이 된 붕당이다.

그러나 인권이 무시되던 당시 정치에서 패한다는 것은 곧 죽음이었기에 정쟁은 극렬할 수밖에 없었다. 이는 동서양이 다르지 않았다. 이런 배경을 감안하고 역사를 보면 붕당은 오늘날 정당의 원조라고 볼 수도 있다.

실제로 붕당이 있어서 왕의 독재를 방지하고, 정책 결정 과정에 다양한 의견을 수렴할 수 있었다. 또, 붕당이 대개는 학파를 배경으로 하고 있어 학문의 발전에도 기여했다.

현대국가에서 정당 간 다툼이 심하다고 하여 정당정치가 없다고 하지 않듯 조선의 붕당정치는 세계에서 가장 오랜 정당정치이기도 했다.

리더십 부재가 낳은
남미와 아프리카의 비극

정치 발전사와 별로 연결되는 부분이 없어 언급하지 않았지만 역설적이게도 그래서 비극을 겪어야 했던 두 대륙입니다. 그런 점에 이야기할 것이 있네요.

아메리카는 외부 침략에 의해 재앙에 가까운 살상이 벌어졌던 땅입니다. 500여 년 전, 지금의 멕시코 중부엔 아즈텍왕국이, 페루와 칠레 지역엔 잉카왕국이 있었습니다. 각각 인구가 최소 500만 명 이상이었다 하고, 멕시코 고원에 위치한 테오티우아칸의 피라미드 등 건축물은 과거 아즈텍문명을 보여 주는 유적지입니다.

불행은 1519년 식민지 개척에 나선 스페인군의 상륙에서 시작되었습니다. 칼과 총으로 무장한 병사 500여 명, 말 10여 필, 대포 몇 문의 작은 부대였죠. 당시 아즈텍의 왕 몬테수마는 폭정으로 민심을 잃고 있었습니다. 이런 시기에 만난 스페인군을 원주민들은 신이 보낸 해방군이라며 열렬히 환영했습니다.

스페인군의 지휘관인 코르테스는 원주민들을 반군으로 합류시켜 아즈텍의 수도인 테오티우아칸을 공격합니다. 아즈텍인들은 착각했습니다. 화평을 하려 했던 귀족들도, 반군에 섰던 주민들도 스페인군에게 무참히 학살당합니다. 창과 활 따위의 원시적인 무기로 스페인군을 당할 수 없었던 거죠. 겁에 질린 왕은 항복하게 되고 그것으로 아즈텍왕국은 종말을 고했습니다.

잉카왕국도 허망하게 무너졌습니다. 이 지역엔 1532년 스페인의 프란시스코 피사로가 168명의 보병, 62명의 기병을 이끌고 들어옵니다. 정보력이 떨어졌던 잉카는 아즈텍에서 일어난 일을 모르고 있었다고 합니다. 잉카의 왕 아타우알파는 친선을 가장한 스페인군의 면담 요청을 허용했습니다.

비무장인 채 스페인군의 숙영지를 찾아온 잉카의 왕 일행을 피사로는 기습적으로 인질로 잡아 버립니다. 포로가 된 왕은 잉카 군대를 물러나게 했고, 피사로는 몇 달간 시간을 끌며 파나마에 주둔하고 있던 스페인 본군에 도움을 요청합니다.

이후는 왕을 방패막이 삼은 스페인군의 살육전입니다. 청동기, 나무곤봉 등이 무기였던 잉카 군대는 쇠칼, 총, 기병으로 무장한 스페인군을 두려워했습니다.

잉카에는 8만의 군대가 있었지만 거짓말처럼 괴멸됩니다. 아무리 무기 차이가 있었다지만 이 사건은 지금도 불가사의한 일로 전해집니다. 왕은 두 개의 방에 금과 은을 가득 채워 구명을 청했

멕시코 2,300m 고원에 위치한 아즈텍 유적지인 테오티우아칸. ©Fotolia

지만 끝내는 교수형으로 생을 마칩니다.

1500년대 초기 포르투갈은 브라질 땅을 침략합니다. 당시 이 지역은 부족 마을들이 흩어져 있던 상태여서 정복이 더욱 쉬웠습니다. 나란히 식민지 쟁탈을 벌인 프랑스가 오히려 경쟁자였죠. 프랑스 세력을 몰아낸 포르투갈은 이후 총독을 파견해 지배를 넓혀 갑니다.

(멕시코 동부 유카탄반도와 과테말라에서 번성했던 마야문명 지역은 10세기에 스스로 멸망의 길을 걸어 이 책에서는 언급하지 않기로 합니다. 전염병설,

극심한 가뭄설 등 멸망 이유도 수수께끼이지만 유럽인들이 도착하기 전에 이미 종말을 고한 마야입니다.)

스페인과 포르투갈의 남아메리카 침략은 가혹했습니다. 먼저 원주민이 당한 인적 피해입니다. 당시 남아메리카의 원주민 수가 약 8,000만 명이었는데, 100여 년이 지났을 때 그 수가 10분의 1로 줄었다고 합니다.

여기에는 유럽에서 전파된 천연두 같은 전염병도 치명적으로 작용했습니다. 천연두를 처음 접한 원주민들은 면역력이 없어 집단으로 목숨을 잃었습니다.

식민지 사업은 온통 착취였습니다. 유럽인들은 귀금속 채취를 위한 광산 개발, 사탕수수 농장 등을 운영하며 원주민들을 강제 노동에 동원했습니다. 부족한 인력은 아프리카 흑인들을 노예로 데려다 부렸습니다.

남아메리카의 비극은 일차적으로는 유럽인들의 침략과 비인간적인 만행이 원인입니다. 그러나 세계 역사에서 침략자는 항상 존재했듯 세상은 그렇게 온순하지 않습니다. 이런 면에서 보면 남아메리카는 응전할 준비를 갖추지 못했습니다.

고대 왕국만을 전승해 오며 외세를 막아 낼 리더십을 갖추지 못했다는 것, 유럽을 너무 몰랐다는 것, 코앞의 적도 모르는 정보력의 부실, 위기를 극복해 낼 대안 세력의 부재 등이 바로 그런 안타까운 부분들입니다.

위기일수록 필요한 것이 지도자의 리더십입니다. 정부 리더십도 대안 세력도 없었다는 것이 결국은 백성들까지 죽음에 빠뜨리는 불행을 초래했습니다.

멕시코, 페루, 브라질 등이 독립국이 되는 데는 300여 년이 걸렸습니다. 그 세월이 너무 길어서 사람들은 유럽인들과의 혼합인종으로 바뀌고 원주민은 소수인종으로 떨어집니다. 또, 토속어는 소멸되고 식민지 종주국의 언어만 남게 됩니다.

현재 남아메리카 대부분은 스페인어를 쓰고 브라질은 포르투갈어가 국어입니다. 남아 있는 건축물과 도시 풍광도 스페인, 포르투갈과 유사합니다. 원주민이 거의 사라지다 보니 언어뿐만 아니라 문화까지 바뀌어 버린 거죠.

아프리카 대륙은 17세기부터 1950년대까지 유럽의 식민지로 유린당했습니다. 제2차 세계대전 이전에 독립국이었던 나라는 남아프리카공화국, 에티오피아, 이집트, 아샨테왕국(가나와 코트디부아르 지역), 부간다왕국(우간다 지역) 정도에 불과했습니다. 나머지 지역은 나라로 응집되기보다는 전통적인 부족 단위로 살아오다가 외세의 먹잇감이 되었습니다.

신식 무기를 앞세운 영국, 독일, 프랑스, 벨기에 등 유럽 각국은 거의 무혈입성으로 아프리카를 짓밟았습니다. 침략은 노예사냥으로 이어집니다. 기록에 따라 조금씩 다르지만 16~19세기 사이 아프리카에서 노예로 끌려간 사람이 북아메리카 500만 명, 남

아프리카에서 벌어진 유럽인들의 노예사냥을 표현한 그림. ©프랑스 국립박물관

아메리카 1,000만 명이 넘는다고 합니다.

정복과 노예사냥 과정에 죽임을 당한 원주민도 많았습니다. 동아프리카의 탄자니아를 식민 지배한 독일은 공식 기록 7만 5,000명, 비공식 기록 30만 명의 원주민을 죽였습니다. 일부 부족은 인구 4분의 3이 사라졌다고 합니다.

아프리카 지역은 각국의 국경선에도 슬픈 역사가 배어 있습니다. 아프리카 지도를 보면 나라와 나라 사이의 국경에 일직선이 많습니다. 바로 식민지의 흔적입니다. 유럽국들은 침략 과정에 서로 만나게 되면 싸움을 피하기 위해 적당히 선을 그어 영역을 나누었습니다. 그게 독립 후에도 그대로 국경이 된 거죠.

그러다 보니 같은 민족, 같은 부족이었던 사람들이 다른 나라로 갈리고 원수 관계였던 부족이 한 나라로 묶이는 경우도 적지 않았습니다. 아프리카의 민족 지도를 보면 수백 개는 될 만큼 많습니다. 오늘날 아프리카 국가들의 민족 갈등과 빈번한 내전에는 이런 역사가 숨어 있습니다.

아프리카의 비극은 당연히 유럽의 침략 정책에 기인합니다. 하지만 약자의 항변일 뿐 강자의 냉혹함은 늘 인간에 대한 존중을 무시해 왔습니다. 우리나라가 일제강점기를 겪었던 것처럼.

나라의 힘을 키우고 그 힘을 극대화할 수 있는 리더십이 필요한 이유입니다. 특히 사하라사막 남쪽 지역의 경우 대부분 국가 조직을 미처 못 갖춘 상태이다 보니 리더십이 발휘되기 더 어려웠습니다.

아프리카의 민족 지도. 아프리카는 유럽국들의 지배 과정에 같은 민족, 같은 부족이 다른 나라로 갈린 경우도 많았다.

아프리카 지역의 독립은 1922년 이집트가 수에즈운하 관리권을 포기하고 영국의 지배를 벗어난 것을 시작으로(운하는 1956년에야 이집트에 귀속됨) 제2차 세계대전 이후까지 긴 시간을 두고 이루어집니다.

1950년대 리비아, 튀니지, 모로코가 식민지 종주국들과의 협의 또는 충돌을 딛고 독립을 인정받았으며, 특히 알제리는 프랑스와 8년이나 전쟁을 벌인 끝에 1962년 지배에서 벗어날 수 있었습니다. 또, 서아프리카의 가나, 나이지리아 등은 선거를 통해 새로운 정권을 세우고 영국으로부터 독립을 이끌어 냈습니다.

현대에 들어 국가 간의 침략 행위는 많이 줄었습니다. 국경이 거의 정립되고 나라 간에 갈등이 생길 시 국제적인 감시의 눈길도 매섭기 때문입니다. 그렇다고 분쟁 또는 정복 행위가 사라졌다고 생각한다면 오산입니다. 기회가 닿으면 현대에도 국가 간의 정복과 내전이 일어납니다.

남북이 대치 중인 우리나라부터가 내전 경험국이고, 베트남은 제2차 세계대전 뒤 분단되었다가 소련이 지원한 북베트남(월맹)이 승리하며 1975년 공산국가 베트남으로 통일되었습니다.

또, 중동에서는 이슬람을 믿는 팔레스타인 지역에 제2차 세계대전 이후 유대교를 믿는 이스라엘이 나라를 세우면서 지금도 영역 다툼을 벌이고 있습니다.

인도와 파키스탄 두 나라도 뜨겁습니다. 두 나라 사이에 걸쳐 있는, 한반도 면적 크기의 카슈미르 지역(인구 1,300만 명)의 소유를 두고 국지전이 지속적으로 일어나고 있습니다. 또, 2014년 러시아는 우크라이나에 속해 있던 흑해의 크림반도(인구 200만)를 자국 영토로 복속시켰습니다.

시리아에서는 2011년 시작된 내전이 길어지며 발생한 난민이 600만~1,000만 명을 헤아립니다. 그 와중인 2014년 시리아와 이라크 지역 일부를 점거한 IS(이슬람국가)는 최근 세력이 크게 줄었다고는 하나 세계 곳곳을 무대로 테러를 일으키고 있습니다.

세계의 이런 모습은 현대에도 정치인은 물론 국민의 국가의식이 확고하지 않으면 언제든 불행이 닥칠 수 있음을 보여 주는 예라고 하겠습니다.

소총과 기병으로 무장한 스페인군의 남미 침략

제4장

영국식 민주주의 미국식 민주주의

근세시대의 끝에 일어난 시민혁명이 자라서
대통령제와 의원내각제라는 꽃을 피워 냈다.
대통령제는 행정부와 국회의 권력 분립을,
의원내각제는 행정부와 국회의 권력 융화를
중요한 주요 덕목으로 친다.
어느 쪽이 더 나은 제도인지는 가늠하기 어렵지만
분명한 건 시행하는 나라에 따라 결과가 크게
엇갈린다는 사실이다. 결국은 민주주의를 향한
그 나라 사람들의 의식 수준이 중요한 것이다.

미국이 개척한 대통령이 다스리는 나라

1789년 4월 30일, 뉴욕에 위치한 미국 임시정부 청사에서 역사적이고 중대한 의식이 거행되었습니다. 미국의 제1대 대통령 조지 워싱턴(1732~1799년)이 취임한 것입니다.

오른손을 성경 위에 얹은 워싱턴 대통령에게 뉴욕 재판소장이 물었습니다.

"당신은 미국의 대통령직을 성실하게 수행하고 미국의 헌법과 국민의 권리를 수호할 것을 맹세합니까?"

워싱턴이 대답했습니다.

"예, 엄숙히 맹세합니다."

조지 워싱턴은 국민의 직접선거를 통한 선출은 아니었지만 세계 최초의 대통령입니다. 첫 대통령 배출로는 미국이 프랑스보다 59년 앞섭니다(프랑스 초대 대통령은 1848년 국민의 직접선거로 당선된 루이 나폴레옹 보나파르트).

미국인의 조상 격인 영국의 이주민들이 북아메리카에 처음 발은 들인 것은 1584년. 영국 군인이자 탐험가인 월터 롤리(1552?~1618년)가 엘리자베스 여왕(1533~1603년)으로부터 '버지니아'라고 불리는 곳에 식민지를 세우겠다고 허가를 얻어 낸 것이 시초입니다. 크리스토퍼 콜럼버스(1451~1506년, 이탈리아)가 1492년 신대륙을 발견한 지 92년이 지난 때의 일입니다.

많은 나라 중에 왜 영국이 북아메리카를 노렸나 하면 스페인보다 신대륙 진출에 뒤처졌기 때문입니다. 먼저 바다를 건넌 스페인이 지금의 멕시코에서 칠레에 이르는 넓은 지역을 차지해 버려 영국은 하는 수 없이 다른 곳으로 눈을 돌린 것입니다.

영국 정부는 미국 동부 해안을 13개 지역으로 나누어 농업과 상업을 병행하며 인구를 늘려 갔습니다. 1770년대가 되었을 땐 인구가 180만 명을 넘었습니다.

그런데 상업이 커지면서 이주민들과 영국 사이에 갈등이 생깁니다. 아메리카의 상인들이 유럽 쪽과 물품을 거래하려면 반드시 영국을 거치면서 세금을 물어야 했고, 운송도 영국 배만을 써야 해서 가격 경쟁 면에서 불만이 많았습니다.

이런 갈등이 아메리카 쪽 사람들에게 독립된 나라를 생각하게 했습니다. 이는 1775년 영국을 상대로 한 독립전쟁으로 이어집니다. 그리고 전쟁 중이던 1776년 7월 동부의 13개 지역을 주state로 전환해 독립을 선언합니다. 8년간 이어진 전쟁은 독립군 쪽의 승

1773년에 일어난 보스턴 차(茶) 사건. 영국 회사가 차의 유통을 독점한 데 반발한 미국 상인들이 영국 선박을 습격해 차를 모두 바다에 던졌다. 미국 독립전쟁의 도화선이 된 사건으로, 그림은 나다니엘 쿠리에 작(1846년).

리로 끝나고 마침내 미국이라는 새 나라가 출범합니다.

건국에 성공한 13개 주 연합회의는 1787년 제헌의회를 구성하고 독립전쟁의 총사령관이었던 조지 워싱턴을 의장으로 뽑습니다. 그리고 제헌의회는 의회민주주의를 기본으로 하는 공화정을 채택하는 헌법을 제정하고, 독립에 공이 큰 조지 워싱턴을 만장일치로 대통령에 추대합니다.

미국의 대통령제 선택에는 초기 이주민에 많이 포함되어 있던 청교도들의 사상도 많은 영향을 끼쳤습니다. 평등사상을 강조하는 그들에게 민주주의는 꼭 맞는 제도였고, 그 정신을 공화정을 바탕으로 한 대통령제의 채택으로 드러낸 것입니다.

워싱턴이 대통령에 뽑힌 1789년은 프랑스혁명이 일어난 해와 같습니다. 그러고 보면 프랑스혁명은 평등국가인 미국의 건국에서도 영향을 받았다고 할 수 있습니다.

건국에 성공한 미국은 그 뒤 서부 쪽으로 영역을 넓혀서 주를 추가하고, 러시아로부터 매입한 알래스카 그리고 하와이를 합해 현재의 50개 주에 이르게 됩니다.

대통령제는 오늘날 50개가 넘는 나라에서 시행하고 있습니다. 나라마다 약간씩 다르긴 하지만 대통령제의 주요 특징을 이야기해 보기로 하죠.

국회의원들 가운데에서 통치자(총리)를 선출하는 의원내각제와 달리 대통령제는 국민이 투표로 직접 국가원수를 뽑는 것이 가장 큰 특징입니다. 대통령제를 채택하고 있으면서 간접선거로 대통령을 뽑는 나라도 있지만(대개는 독재정치 국가들) 기본적으로 대통령제는 국민의 직접투표를 바탕으로 합니다.

대통령은 그 나라 국군의 명령권자이고 국가 간의 조약이나 전쟁 참여 등 나라의 중요한 일에 대한 최종 결정권자입니다. 그리고 정부 조직인 행정부의 수장으로서 주요 국무위원들을 임명하고 해임할 수 있는 권한을 가집니다.

그렇다고 뭐든 마음대로 할 수 있는 건 아닙니다. 법률 집행기관인 사법부, 전국에서 국민의 대표로 선출된 의원들로 구성된 국회에 대해서는 대통령도 간섭할 수 없습니다.

이렇게 행정부(대통령)와 사법부와 국회가 독립된 권한을 갖는

미국 민주주의의 두 상징인 백악관(위, 대통령 집무실)과 국회의사당(아래).

것을 '삼권분립'이라고 합니다. 권력 분립은 대통령제의 대표적인 특징입니다.

특히 권력 분립 면에서 대통령의 가장 큰 상대측인 국회는 변화하는 사회에 맞춰 갖가지 법률을 제정하고, 국가 간의 조약과 고위 공무원 임명에 대한 동의권을 행사하고, 국가 예산을 심의하는 등의 역할을 통해 나랏일에 참여합니다.

그렇지만 대통령은 국회가 의결한 법률안에 대한 거부권을 가지며, 국회가 반대하는 공직자여도 필요에 따라 임명할 수 있습니다. 대통령의 법률안 거부권에 대해서는 좀 더 설명할 필요가 있습니다. 거부한다고 무조건 폐기되는 건 아니니까요.

우리나라를 예로 들면 법률안은 국회의 의결정족수(의결에 필요한 의원 수) 과반수 출석에 과반수 찬성으로 통과되며 정부는 이를 15일 이내에 공포해야 합니다. 만약 대통령이 거부권을 행사하면 국회는 더 까다로운 조건인 3분의 2 이상의 찬성으로 재의결할 수 있습니다.

그에 못 미치면 부결이고, 재의결에 성공하면 이때는 대통령도 법률안을 거부할 수 없습니다. 대통령의 법률안 거부권과 국회의 재의결권은 매우 중요한 민주적인 기능입니다. 이로 인해 대통령과 국회가 때로는 정책을 두고 으르렁거리는 모습도 보입니다.

그럼에도 이렇게 하는 이유는 어느 한쪽이 일방적으로 정책을 펴지 못하도록 하기 위해서입니다. 상호 견제하고 합의하는 정신! 그것이 민주주의니까요.

미국 공화정의 또 한 축인 의회는 '상원'과 '하원'으로 구성되어 있습니다. 이를 양원제라고 합니다. 미국은 50개 주로 이루어져 있는데, 상원의원(임기 6년, 100명)은 각 주마다 2명씩, 하원의원(임기 2년, 435명)은 각 주의 인구수에 따라 뽑습니다. 이는 50개 주 각각을 동등한 나라처럼 인정하는 데 따른 것으로, 그래서 정식 나라 이름이 '아메리카합중국'이며 정부도 연방정부라고 부릅니다.

미국의 힘은 어쩌면 여기서 나오는지도 모르겠습니다. 자율이야말로 성취의 가장 큰 동기 부여일 것인데, 건국 당시부터 이어온 주州정부의 독자성(독자적 헌법을 가진 완전한 정부 형태다)을 중앙정부가 침해하지 않고 제도로써 자율권을 보장하는 미국입니다. 이런 50개 주 각각이 잘하는 것을 살리고 그 합이 시너지를 내는 것이 미국이라고 해도 틀리지 않을 것 같습니다.

미국의 의회에도 이런 정신이 깃들어 있습니다. 즉, 상원이 각 주의 동등성을 인정해 의원 수를 똑같이 배정하는 것이 그런 모습이며, 하원은 국민 전체의 대표성을 살려서 주별로 인구의 많고 적음에 따라 의원 수에 차이를 두고 있습니다.

매우 합리적이고 실용적으로 보이지 않나요? 국제사회에서 나라 크기에 차별을 두지 않고 대표성을 인정하고, 사람 개개인에 대한 권리는 권리대로 존중하듯 말이죠.

이런 이유로 미국의 대통령제에는 다른 나라에는 없는 독특한 제도가 있습니다. 국민이 대통령 후보에게 바로 투표하는 것이 아니라 특정 후보가 속한 정당을 대표해서 나온 전국 538명의 선거인단이라는 사람들에게 투표하는 것입니다.

각 주별 선거인단의 숫자는 상원의원과 하원의원 수를 더한 것이어서 인구가 많은 캘리포니아 주는 53명인 데 비해 인구가 적은 주는 3명에 불과합니다. 그리고 각 주의 선거인단을 뽑는 선거에서 이긴 정당의 대통령 후보가 그 주의 선거인단 전체 수를 갖는 방식입니다(네브래스카 주와 메인 주는 하원 몫에 한해 지역 내의 선거구별로 이긴 선거인단을 인정).

50개 주를 각각의 나라처럼 대우한다고 한 데서 알 수 있듯 선거인단을 1명이라도 더 얻은 후보가 그 주에서 선택한 대통령이라는 뜻이죠. 그리고 선거인단은 40여 일 뒤 최종적으로 대통령을 뽑는 별도의 투표를 합니다. 자신이 속한 주에서 이긴 대통령 후보에게 반드시 표를 줘야 한다는 의무는 없으나 '배신 투표'는 거의 나오지 않는다고 합니다.

선거인단 제도는 1787년 제헌의회가 제정한 미국 헌법에 의한 것으로 230여 년의 역사를 헤아립니다. 의회의 추대로 대통령에 뽑힌 조지 워싱턴 초대 대통령을 제외하고는 미국은 존 애담스 2대 대통령 때부터 이 제도를 적용해 대통령을 선출해 왔습니다.

선거인단 제도는 미국의 대통령제를 특징짓는 매우 독특한 요소입니다. 직접선거(국민이 선거인단에 투표)와 간접선거(선거인단이 대통령 선출)의 성격을 함께 가진 방식이라고 할 수 있습니다.

이런 제도로 인해 국민 전체의 득표수에서는 이기고도 인구가 많은 캘리포니아 주나 텍사스 주 같은 곳에서 져서 최종 선거인단 획득이 뒤집히는 경우도 다섯 차례 있었습니다.

가장 최근의 사례로는 2016년 제45대 대통령선거 때 힐러리 클린턴 후보가 국민 전체의 투표에서 100만여 표 앞서고도 선거인단 획득에서 지는 상황이 되어 도널드 트럼프 후보에게 당선을 넘겨줘야 했습니다. 또, 2000년 제43대 대통령선거 때는 앨 고어 후보가 비슷한 결과를 받아 조지 W. 부시 후보에게 최종 패배했습니다.

미국의 건국과 발전에 공이 큰 대통령들의 얼굴이
조각되어 있는 러시모어의 바위산

더 알아보기

대통령 임기, 나라마다 달라요

임기 1년 스위스 ※7명으로 구성된 장관들이 공동 통치하면서 교대로 1년씩 대통령을 겸한다.

임기 4년 미국, 이집트, 아르헨티나, 칠레, 과테말라, 온두라스, 브라질, 코스타리카, 에콰도르, 콜롬비아, 아이슬란드 등.

임기 5년 대한민국, 프랑스, 독일, 터키, 불가리아, 알바니아, 포르투갈, 볼리비아, 니카라과, 엘살바도르, 우루과이, 파라과이, 페루, 라오스, 방글라데시, 인도네시아, 키프로스, 세네갈, 남아프리카공화국, 중앙아프리카공화국, 앙골라, 말리, 탄자니아, 튀니지 등.

임기 6년 멕시코, 러시아, 필리핀, 레바논, 지부티, 짐바브웨 등.

임기 7년 이탈리아, 시리아, 카메룬, 아제르바이잔 등.

※단임제 국가(대통령을 한 번만 할 수 있음) – 한국, 필리핀, 멕시코, 아이슬란드, 과테말라, 온두라스, 파라과이, 레바논.

우리나라는 내각제 성격 더해진 대통령제

"전하. 공주마마의 혼사에 맞춰 정부에 임시공휴일 지정을 요청하려 합니다."

"좋은 날임을 생각하면 그럴 수도 있겠지만 요즘 짐의 인기도 별로고, 그냥 조용히 치르는 게 좋겠소."

"아니옵니다, 전하. 다른 나라에서도 왕실의 혼사를 공휴일로 지내는 경우는 많사옵니다."

"그렇지만 짐이 직접 나라를 다스리는 것도 아니고, 국민한테 혹 오해를 살 일은 피하려 하오. 받아들이지 않겠으니 아예 말도 내지 마시오."

우리나라에 왕이 있다면 공주의 결혼을 앞두고 이런 대화가 오갈지도 모르겠습니다. 원래 왕이 다스리던 나라였으니 상상 못할 일도 아닙니다.

조선 왕실을 복원해 달라!

실제 우리나라에서는 몇 차례 조선시대 왕가의 후손들이 왕실 부활을 요청한 일이 있었습니다. 영국이나 일본처럼 왕이 있는 나라로 하자는 거였죠. 그런데 동의하는 국민들이 별로 없다 보니 그때마다 얘기는 흐지부지되었습니다.

알다시피 조선은 518년간 27대에 걸쳐 왕이 다스리는 나라로 역사를 이어 오다가 일본한테 주권을 잃었죠. 그리고 1945년 해방이 된 뒤 국제연합에 의해 남쪽은 미국, 북쪽은 소련이 통치를 맡으며 나라가 분단되었습니다.

그로 인해 우리나라는 미국 정치제도의 영향을 받게 되고, 미국에서 독립운동을 하다가 귀국한 이승만(1875~1965년)이 지도자로 떠오르면서 자연스레 대통령제로 기울게 됩니다.

그때 원래의 왕정국가로 갈 수도 있었겠지만 나라를 지키지 못한 왕실을 좋게 보는 분위기가 아니었고 국민들도 관심을 주지 않았습니다.

우리나라는 미국의 통치를 벗어난 1948년 8월 15일 대통령제를 바탕으로 하는 제1공화국을 출범시켰습니다. 그 직전에 제정된 헌법에서 우리나라의 정치제도로 공화정을 채택한 데 따른 것입니다.

공화국이라는 말 앞에 붙은 숫자는 헌법상의 정치제도에 변화가 있었을 때를 기준으로 합니다. 그간 정치제도와 대통령 선출

방법, 임기 등을 바꾸는 몇 번의 헌법 개정이 있어 현재는 제6공화국입니다.

현대정치의 역사가 짧은 우리나라에서 헌법을 여러 번 고쳤다는 것은 그만큼 정치적 변화가 많았다는 것을 의미합니다. 민주주의가 성숙하지 못한 환경에서 맞은 통치자의 장기 집권 욕심이 문제가 되었습니다. 그 고비마다 헌법도 달라져야 했습니다.

1948년 정부 수립과 함께 초대 대통령으로 선출된 이승만 대통령 때부터 우리 헌법은 개정의 역사를 걷습니다. 첫 헌법은 대통령의 임기를 두 번(연임)까지만 허용하고 있었으나 이승만은 두 번째 임기를 보내며 이를 바꿉니다. 당시 여당인 자유당 의원들을 움직여 국회 의결로 '초대 대통령은 3선 금지를 적용받지 않는다'는 것을 골자로 하는 개헌(1954년)을 단행했죠.

개정된 헌법을 통해 1956년 3대 대통령에 당선된 이승만은 1960년 치러진 4대 대통령선거에 다시 출마합니다. 이 선거에서 유권자들은 종신 대통령을 노리는 이승만에게 반감을 보였고, 급기야 자유당은 부정선거를 통해 이승만을 당선시킵니다. 이 사실이 드러나면서 1960년 '4·19 혁명'이라는 국민저항운동이 일어났고, 이에 굴복한 이승만은 대통령 자리에서 물러나게 됩니다.

이승만이 퇴진한 뒤 국회는 헌법에 의원내각제를 넣은 제2공화국(1960~1961년)의 출범을 의결합니다. 대통령의 권한이 너무 강한 것이 문제로 지적된 개헌이었는데, 대통령은 연임이 가능한 상징적인 국가원수로만 존재하고 총리가 나라를 다스리는 '의원내각제'를 도입한 것입니다.

같은 해, 국회에서 치러진 간접선거를 통해 윤보선 4대 대통령(1897~1990년)과 장면 총리(1899~1966년) 체제가 탄생한 것이 그 결과입니다. 그러나 제2공화국은 1961년 '5·16 군사정변'을 일으켜 권력을 장악한 박정희 육군소장(1917~1979년)의 등장으로 1년이 못 가 사라집니다.

박정희는 '국가재건최고회의'라는 임시기관을 만들어 의장 자격으로 통치하다가 1962년 국민투표를 통해 의원내각제를 폐지

1961년 '5·16 군사정변'으로 정권을 잡은 박정희 장군. 이승만 초대 대통령에 이어 다시 우리나라 정치를 독재로 몰고 간 그의 등장이었다.

하고 국민이 직접 대통령을 선출하는 대통령제를 부활시킵니다(제3공화국 출범). 그리고 1963년 대통령선거에서 5대 대통령에 당선됩니다. 4년 뒤 연임에 성공한 박정희 또한 장기 집권 욕심을 드러냅니다.

박정희는 1969년 '3선 금지' 조항의 삭제를 핵심으로 하는 개헌과 1972년 각 지역을 대표하는 대의원들이 대통령을 뽑는, 간접선거를 도입하는 또 한 번의 개헌(제4공화국 출범)을 통해 총 다섯 번 대통령에 당선됩니다.

그는 가난에 시달리던 우리나라를 획기적으로 발전시켰다는 평가와 함께 민주주의의 성장을 가로막은 독재자였다는 상반된 이미지 속에 18년간 권력의 중심에 있었습니다. 그러다가 1979년 당시 중앙정보부장이던 김재규의 '10·26 대통령시해사건'으로 죽음과 함께 임기를 끝내게 됩니다.

이때 맞은 잠시의 권력 공백 상태에서 전두환 육군소장(1931년~)이 역시 군사정변으로 권력을 잡습니다. 전두환은 제4공화국 헌법에 의거해 1980년 11대 대통령에 당선됩니다. 이어서 1981년 대통령 임기를 7년으로 늘리는 개헌을 한 뒤(간접선거는 유지, 제5공화국 출범) 다시 12대 대통령에 당선됩니다.

그러다가 1987년 전국에서 100만 명이 넘는 학생과 시민들이 참가한 '6월 민주항쟁'이 일어나 국민이 지금의 대통령 직접선거제를 쟁취해 냅니다(제6공화국 출범).

그 바탕에는 1980년 군부통치 반대 시위를 하다가 군부대가 동원된 강제진압에 수백 명이 희생된 '5·18 광주민주화운동'이 있습니다. 멀게는 이승만, 박정희 정부 때부터 내려온 독재정치에 대한 거부 의식과 민주정치에 대한 국민의 열망이 분출된 것이 1987년의 '6월 민주항쟁'입니다.

우리나라가 이렇게 먼 길을 돌아서 민주정부를 이룬 데는 원인이 있습니다. 제일 크게는 1945년 해방 이후 급하게 이식된 민주주의에 대한 낮은 이해도가 자리합니다. 영국이나 프랑스처럼 아래로부터의 시민혁명을 통해 점진적으로 다져진 민주주의가 아니었던 거죠.

그 차이는 국민 주권, 평등, 인권 같은 민주주의적인 가치보다 통치를 우위에 서게 했고, 그래도 되는 것처럼 믿는 사람들이 나타나게 했습니다. 그 산물이 무늬만 민주주의인 독재정치의 출현이었습니다.

그러다 보니 의회민주주의도 국민 속에 뿌리내리지 못했습니다. 상대에 대한 존중과 타협이 실종된 정파 간의 지나친 대립, 10년이 못 가 부수고 재건하기를 반복하는 정당의 난립이 그런 모습입니다.

우리나라의 대통령제는 전체적으로 미국의 대통령제와 비슷하지만 헌법상 우리만의 특징적인 요소도 있습니다. 바로 내각제적인 기능을 일부 채택하고 있는 점이 그렇습니다.

보통의 대통령제에는 없는 국무총리를 두어 행정부를 관리하

東亞日報

6·10示威 전국3千8百31명連行

市民·警察등 768명부상

拘束범위 1百50명

최루탄속의 하루

京鄉新聞

盧대표, 直選改憲 선언

民正 中執委서 새憲法따라 내년2월 政府移讓

국민에 希望 안겨줘 金泳三씨

不出馬 약속 지킬것 金大中씨

言基法 改廢 言論자유보

대학 人事·入試 자율성부

時局관련 拘束者

金大中씨 赦免·復

1987년 '6월 민주항쟁'을 보도한 당시 신문들. 아래쪽의 6월 29일 자 기사는 '직선개헌 선언'이라는 타이틀과 달리 당시 전두환 정부가 시민들의 항쟁에 굴복한 것이 본질이다.

게 하는 것이 대표적입니다. 하지만 의원내각제에서의 실세 총리와는 달리 권한이 제한적이어서 대통령을 보좌하는 정도에 그칩니다.

또, 다른 나라의 대통령제는 법률 제정권을 대개 국회에만 주고 있으나 우리나라는 정부도 국회에 법률안을 내서 제정을 요청할 수 있습니다. 국회의원이 국무위원(장관)을 겸할 수 있는 것도 우리나라 대통령제의 한 요소입니다.

한편, 국회는 전국의 선거구에서 국민이 직접투표로 뽑은 의원(253명)과 비례대표 의원(각 정당의 득표율에 따라 47명을 나누어 배정)을 합한 300명으로 구성되며 임기는 4년입니다. 주요 기능으로는 법률 제정, 정부예산 심의, 행정부에 대한 감시, 주요 국무위원에 대한 임명동의권 등이 있습니다.

우리나라의 대통령제 역시 행정부와 입법부, 사법부의 삼권분립을 통해 대통령의 권한에 대한 입법부의 견제가 보장됩니다. 이는 대통령제의 기본입니다.

이에 따라 국회에서 대통령과 같은 정파인 여당이 소수이고 반대파인 야당이 다수인 상황에서는 대통령의 권한이 많은 제한을 받게 됩니다. 반대로 여당이 국회의 다수를 차지하면 대통령의 권한은 막강해지게 됩니다.

이처럼 대통령과 국회 모두 민주적 정당성을 가져서 행정부와 입법부가 대립하기 쉽고, 그 결과 정책 결정 과정에 다툼과 시간 지연이 잦을 수 있다는 것도 대통령제의 한 모습입니다.

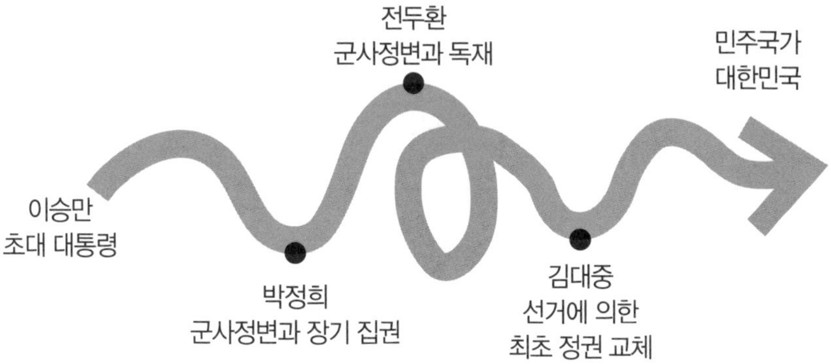

험난했던 한국의 민주주의

우리나라의 현대사를 통해 보았듯 대통령제라고 문제가 없는 건 아닙니다. 무엇보다 장기 집권을 노리는 독재자가 나타날 수 있다는 게 그렇습니다.

대통령제를 실시하는 나라들 대부분이 헌법을 통해 임기에 제한을 두고 있지만 역설적이게도 대통령제이기 때문에 규칙이 깨지는 일이 적지 않습니다. 바로 대통령에게 주어진 막강한 권한이 임기를 늘리는 데 악용될 수 있기 때문입니다.

민주주의가 확고하지 못한 나라일수록 그런 약점을 노출하고, 지금도 세계에는 독재자가 많습니다. 우리나라는 시간은 걸렸을지언정 독재정부가 등장할 때마다 국민 저항으로 민주주의를 쟁취해 냈습니다.

1987년 제정된 제6공화국 헌법은 그런 국민의 의지를 담고 있어 더욱 소중합니다. 현재의 헌법에서는 대통령을 임기 5년에 한 번만 지낼 수 있도록 규정하고 있습니다.

우리나라 헌법은 최근 다시 개헌을 요구받고 있습니다. 대통령의 권한이 너무 세서 측근 사람들의 부패를 유발하고, 임기를 단임으로 한정해 너무 이른 레임덕(임기 말에 대통령의 통치력이 약해지는 현상)을 가져온다는 것이 이유입니다.

이렇게 보면 세상에 완벽한 제도는 없는 것 같습니다. 결국 그 나라 국민이 갖는 민주주의에 대한 높은 의식 수준이 가짜 민주주의가 발붙일 수 없도록 하는 방패가 된다고 하겠습니다.

대통령제의 장점과 단점

대통령제는 대통령이 내란 또는 외환(외국과 공모해 국가의 안전을 위태롭게 함)의 죄를 짓지 않는 한 임기가 보장되어 정치적으로 안정될 수 있다. 또, 권한이 막강해 국회나 외부의 간섭에 휘둘리지 않고 소신껏 나라를 다스릴 수 있다는 것도 장점으로 꼽힌다.

하지만 대통령의 강력한 권한을 폐단으로 여기는 사람들도 많다. 정책을 수행할 때 국회와 소통하기보다 대통령의 뜻이 우선되고, 대통령 주변인이나 친인척들의 잦은 부정행위 역시 지나치게 강한 대통령의 권한에서 비롯된다는 지적이다.

그래서 문제가 생기지 않도록 대통령의 권한을 줄여야 한다는 의견이 반복되고 있다. 실제로 대통령이 독단적으로 정책을 밀어붙여서 논란을 부른 경우가 왕왕 있었다.

노무현 정부 때의 세종시로의 수도 이전 결정, 이명박 정부 때의 4대강 개발 등이 그런 예다. 세종시로의 수도 이전은 위헌판결이 나와서 행정부 일부만 옮겨 간 반쪽 행정도시에 머문 상태이며, 4대강 개발은 강 하나를 먼저 해본 뒤 장단점을 따져서 다른 강에 적용할 수 있었으나 그렇게 하지 않았다.

그러나 더 큰 문제는 제도의 보완 이전에 민주주의에 대한 정치인들의 인식 부족인 것 같다. 헌법의 몇몇 조항만 봐도 대통령이 일방적으로 정책을 수행하는 건 옳지 않음을 알 수 있다.

〈헌법 제1조 ①대한민국은 민주공화국이다. ②대한민국의 주권은 국민에게 있고, 모든 권력은 국민으로부터 나온다. 제7조 ①공무원은 국민 전체에 대한 봉사자이며, 국민에 대하여 책임을 진다.〉

헌법 조항처럼 먼저 국민의 뜻을 살폈더라면 세종시 이전이나 4대강 개발과 같은 정책이 그렇게 급하게 진행되지는 않았을 것이다. 최소한 국민의 대표인 국회와 더 성실하게 협의했어야 하는 게 맞다.

총리가 다스리는 나라, 의원내각제

정치제도의 변화는 통치 방법을 혁신시켜 온 역사라 해도 틀리지 않습니다.

물론 세계사를 들여다보면 국민보다 통치자의 욕심이 우선되거나 정권 연장을 목적으로 정치제도를 바꾼 경우도 많았습니다. 그러나 정치의 목적은 분명합니다. 국가의 발전과 국민 행복에 기여해야 한다는 것이 정치의 대명제입니다.

총리가 나라를 다스리는 의원내각제 역시 그런 역사 속에 탄생한 정치제도 가운데 하나입니다.

의원내각제는 17세기 영국에서 시작되었습니다. 의원내각제에서 총리는 정부를 구성하는 내각의 의장과 같은 존재입니다. 실제는 통치자로서의 권한을 행사하지만 학교로 치면 각 학급 반장들의 의견을 모아 결정으로 이끄는 전교회장 같은 거죠. 협의 정치를 특별히 중요시한다는 뜻입니다.

총리는 임기가 법적으로 보장된 대통령보다는 정치적인 안정감이 약합니다. 그 이유는 의원내각제 자체가 절대적인 권력자 중심의 통치를 제도적으로 방지하기 위해서 생겨났기 때문입니다.

앞서 제10장에 나온 '민주주의의 뿌리가 된 영국과 프랑스의 시민혁명' 편을 상기해 주기 바랍니다. 13세기 영국의 왕이던 헨리 3세가 프랑스, 이탈리아와의 전쟁으로 국부를 낭비하자 귀족들이 반란을 일으켜 왕을 견제하는 의회를 만들었다고 했죠. 의원내각제의 출발에는 '견제와 협의'라는 이 의회 정신이 깃들어 있습니다.

의원내각제로 가는 고비마다에는 절대주의를 추구하는 권력자들이 벽처럼 존재했습니다. 의회는 그 권력에 맞서 벽을 낮추려 했고요.

1628년 의회가 왕의 권력을 제한한 권리청원은 군법을 일반인에게까지 적용하리만큼 절대권력을 휘두르던 찰스 1세로 인해 일어났습니다. 또, 1689년에 있었던 권리장전은 직전의 청교도혁명으로 탄생한 공화정을 다시 없애고 부활한 왕정을 의회가 문서로써 제한한 일입니다.

권리장전은 영국 의회정치 확립의 기초가 되고 절대주의를 아예 종식되게 했습니다. 이 일은 영국 정치사에 큰 의의를 남겼음은 물론 미국의 독립선언과 프랑스의 인권선언에도 지대한 영향을 줍니다.

권리장전 이후 영국에서는 의회의 다수당(국민이 뽑은 의원 수가 가장 많은 정당)이 나랏일을 담당하게 됩니다. 의원들이 정부 각 부처(내각)의 장관을 맡는 것입니다. 이렇게 의원들이 내각을 맡는다고 해서 이를 '의원내각제'라 하고 그중 최고책임자를 총리 또는 수상이라고 부릅니다.

그리고 나랏일을 담당한 내각이 그 결과에 대해 책임을 진다고 해서 '내각책임제'라고 부르기도 합니다.

의원내각제가 도입된 이후 영국의 왕은 정치에 관여하지 않는 상징적인 국가원수로만 남게 됩니다. 그리고 왕의 권한이 내각, 직접적으로는 총리에게 넘어갔습니다.

의원내각제 국가들은 대개 왕정국가에서 제도를 변경해 왕이 실권 없는 지위를 유지하는 경우가 많습니다. 이렇게 왕과 총리가

영국 국회는 국민 주권을 전제로 하는 민주주의 정치의 시발점이라고 할 수 있다.

공존하는 형태의 정치제도를 '입헌군주제立憲君主制'라고 합니다. 헌법을 통해 국민의 주권을 보장하는 '입헌주의'와 전통적인 '군주주의'가 결합된 말입니다.

영국 의회는 '상원'과 '하원'이 있는 양원제인데, 대통령제 국가인 미국의 양원제와는 성격이 다릅니다. 영국의 상원의원은 귀족들의 대표이고, 하원의원은 국민의 투표로 선출된 전국의 지역별 대표입니다.

양원제이지만 실질적인 의회 권한은 국민의 대표인 하원에 있으며, 왕이 하원 제1당의 당수를 총리로 지명하는 것이 관례로 되어 있습니다. 영국의 하원의원은 659명으로 구성되며 임기는 5년입니다.

의원내각제는 전통적인 왕 중심의 정치에 비하면 매우 혁신적인 제도라고 할 수 있습니다. 국민의 대표인 의원들이 직접 행정부를 구성하므로 주권이 국민에게 있다는 것을 제도를 통해 보여주고 있으니까요.

의원내각제는 대통령제와 뚜렷이 구별되는 점이 있습니다. 즉, 대통령제가 행정부와 국회의 권력 분립을 중시한다면 의원내각제는 행정부와 국회의 권력 융화를 기본으로 한다고 할 수 있습니다.

의원내각제는 대통령제와 함께 현대 민주주의를 대표하는 2대 정치제도 중 하나입니다. 영국 외에 네덜란드, 스웨덴, 스페인, 덴

일본 국회의사당. 일본은 제2차 세계대전 패전 후 의원내각제를 통해 민주국가로 거듭났다.
ⓒFotolia

마크, 벨기에, 태국, 일본 등도 왕이 있으면서 의원내각제를 채택한 나라들입니다. 유럽은 의회정치의 출발지답게 의원내각제 국가들이 많습니다.

의원내각제에서의 정부 내각은 의원 신분의 장관들인 만큼 어떤 일로 인해 의회가 내각을 더는 신임하지 않는다는 결정을 내리면 즉시 총사퇴해야 합니다. 반면 내각에 대한 의회의 압박이 지나칠 경우 총리는 의회 해산권을 발동할 수 있습니다. 이런 상호견제와 균형이 유지되어 의원내각제에서는 독재정치가 거의 발생하지 않습니다.

의회가 해산되면 의원들을 다시 뽑는 총선거를 통해 내각의 운명이 결정됩니다. 선거에서 다시 다수당이 되면 내각을 유지하고, 그렇지 못하면 새로이 다수당이 된 정당에 정권을 넘겨주게 되는 거죠.

왕이 없으면서 의원내각제를 채택한 나라들도 있습니다. 독일, 폴란드, 헝가리, 라트비아, 리투아니아, 세르비아, 불가리아, 알바니아, 그리스 등이 그런 나라들입니다.

유럽은 과거 대부분 왕정국가였습니다. 그런데 서유럽은 상징적이나마 왕이 존재하는 데 반해 동유럽은 그렇지 않네요. 이유가 있습니다. 대개는 한때 소련에 속해 있었거나 공산국가였다는 공통점이 있는데, 왕을 인정하지 않는 공산당에 의해 왕정이 폐지되었기 때문입니다. 그리스는 1974년 국민투표로 왕정을 폐지했습니다.

동유럽 국가들은 1990년대 이후 공산주의에서 벗어났지만 스스로 지키지 못한 왕실을 국민이 받아들이지 않아 부활되지 못한 것으로 보입니다. 우리나라에서 왕실이 사라진 이유와 비슷하다고 하겠습니다.

의원내각제에도 장점과 단점이 보입니다.

장점은, 국민이 직접 뽑은 의원들이 장관이 되므로 국민의 뜻이 보다 가깝게 정치에 반영되고, 내각과 의회의 소통이 쉬워서

왕은 정치에 관여 않는
상징적 지위

서로 협력이 잘되는 편입니다.

단점은, 강력한 다수당 없이 여러 정당이 난립하는 경우 내각을 받치는 세력이 약해서 정치가 불안정해질 위험이 있습니다. 또, 선거나 정당 간의 연합을 통해 다수당이 바뀌면 곧바로 내각을 넘겨줘야 하기 때문에 안정된 임기를 가지고 나라를 다스리기 어려울 수 있습니다. 이런 이유로 의원내각제 국가에서의 총리는 정상적인 임기를 못 채우고 물러나는 경우가 많습니다.

의원내각제든 대통령제든 결국은 정부의 뒤를 받치는 국회의 세력이 강하면서 국민의 신임을 받고 있는가가 중요합니다.

실제로 다수당에 대한 국민의 신임이 두터우면 의원내각제에서도 정치적으로 안정된 통치자가 곧잘 출현하곤 합니다. 1979년부터 1990년까지 영국 수상(당시는 총리보다 주로 수상으로 호칭했음)을 지낸 마거릿 대처(1925~2013년)가 그랬고, 2006~2007년 재임한데 이어 2012년 다시 일본 총리에 오른 아베 신조(1954년~)는 여느 나라 대통령 이상의 강력한 통치자입니다.

결국 대통령제냐 의원내각제냐의 선택보다 더 중요한 건 국민의 신임입니다. 모든 권력은 국민으로부터 나온다! 민주주의를 시행하는 나라들이라면 헌법에 채택하고 있을 이 한마디가 새삼 돋보입니다.

한 · 일 과거사 청산에 걸림돌이 되는 일본 왕실

일본 왕실은 다른 나라의 그것과는 좀 다른 점이 있다. 대개의 나라들은 건국과 멸망에 따라 왕가도 바뀌어 온 게 보편적이나 일본은 건국에 가까운 권력 교체가 있었어도 왕가가 같은 가계로 승계되어 왔다고 한다.

하지만 일본 왕 중에는 백제 왕족으로 전해지는 인물도 다수 있어 일본의 주장처럼 왕실이 같은 가계인지는 분명하지 않다. 15대 오우진 왕, 26대 게이타이 왕, 33대 스이코 여왕 등이 백제 출신으로 거론되는 왕들이다.

명칭과 관련해서는 세계에서 유일하게 천황(天皇)이라는 표현을 쓰고 있다. 하지만 일본의 침략을 받은 우리나라에서는 일본 왕이라고 부를 뿐 천황으로 호칭하지는 않는다.

제2차 세계대전에서 패한 뒤 승전국인 미국의 관여 아래 마련된 신헌법에 따라 일본 왕은 '국민 통합의 상징'으로만 남게 되었다. 통치는 의원내각제의 총리를 중심으로 다수당이 맡고 있다.

일본 왕의 존재는 한국과 일본 사이의 과거사 청산에 걸림돌이 되기도 한다. 독일은 전쟁을 일으켰던 히틀러를 비롯한 나치즘을 청산하고 이후의 독일과 분리해 전쟁범죄를 사죄하는 입장이지만 일본은 그 과정이 불완전했다.

승전국인 미국이 전범인 히로히토 왕(1901~1989, 125대 왕)을 단죄하지 않고 왕가를 존속시켰다. 즉, 제국주의 일본과 현대 일본이 분리되지 않고 여전히 과거의 유산 속에 있는 것이다.

아시아에서 일본의 활용성을 염두에 둔 미국의 선택이었지만 그로 인해 일본은 전범국으로서의 사과에 인색하고 전쟁범죄를 감추려고만 드는 것이다.

대통령제와 의원내각제를 융합한 이원집정부제

국회는 나라와 국민 생활에 필요한 법안을 만들거나 정부 정책을 심의합니다. 때로는 국정감사나 심의를 통해 정부 정책을 바뀌게 할 수도 있을 만큼 국회의 권한은 셉니다.

그러나 이런 국회의 권한을 능가하는 사람이 있습니다. 바로 대통령입니다. 2015년 6월 국회가 의결한 '국회법개정안'이라는 법안을 당시 박근혜 대통령(1952년~)이 승인을 거부해 시끄러웠던 적이 있습니다. 대통령에게 주어진 권한으로 300명의 국회의원이 있는 국회를 누른 것이죠.

국회법개정안은 대통령이 국회가 의결한 법안에 거부권을 행사할 수 있듯이 국회도 정부의 행정입법(대통령령, 총리령 등)에 거부권을 가질 수 있게 한다는 내용을 담고 있었습니다. 그런데 대통령이 그 법의 제정을 막아 버린 겁니다.

쉽게 말해 대통령 입장에선 간섭받기 싫다는 거였죠. 국회법개정안은 국회의 재의결을 통해 시행될 수도 있었지만 당시 여당인 새누리당의 반대로 재의결 기회조차 얻지 못한 채 폐기되었습니다. 대통령의 힘을 보여 주는 사례입니다.

일반적으로 대통령은 의원내각제에서의 총리보다 권한이 셉니다. 정해진 임기를 못 채울까 걱정할 일이 없고 국회가 반대하는 정책을 강하게 밀고 나가기도 합니다. 또, 공권력을 상징하는 검찰청과 경찰청도 법무부와 행정안전부의 하부 기관이어서 넓게 보면 모두 대통령의 부하들입니다.

권한이 강하다 보니 마음만 먹으면 국회를 누르고 자기 뜻대로 정책을 펼칠 수 있는 게 대통령입니다. 이는 정책을 안정되게 추진할 수 있는 힘이 되기도 하지만 세계에는 이를 나쁘게 이용하는 독재적인 대통령도 많습니다.

반면 의원내각제는 국회와의 협의 정치가 자연스럽지만 야당의 견제가 심해서 소신껏 정책을 펴 나갈 수 없다는 단점이 있습니다. 총리의 임기도 보장되지 않아서 국회의 반대를 받아 물러나는 경우가 많습니다.

이런 대통령제와 의원내각제의 장점을 섞어서 운영하는 나라들이 있습니다.

대통령에게 지나치게 쏠린 권력을 분산하기 위한 것이죠. 두 가지 제도를 같이 쓰는 정부라 하여 이를 '이원집정부제'라고 합니다. 이원집정부제에서는 대통령을 국민의 직접선거로 뽑긴 하지만 대개 외교와 국방만 담당하고, 그 외 대부분의 나랏일은 총리가 맡습니다.

이원집정부제 국가로는 프랑스, 핀란드, 이탈리아, 오스트리아, 아일랜드, 그리스, 아이슬란드, 포르투갈, 이스라엘 등이 있습니다.

이원집정부제에서는 의원내각제에서와 같이 국회의 다수당 대표가 총리 자리에 오릅니다. 우리나라에도 총리가 있지만 이원집정부제와는 다릅니다. 우리나라는 총리를 국회의 다수당 대표가 맡는 게 아니라 대통령이 지명해서 뽑고, 역할도 권력을 나누는 게 아니라 대통령을 보좌하고 행정부를 관리하는 데 그칩니다.

이원집정부제는 독일에서 처음 등장했습니다. 제1차 세계대전에서 연합군에 패한 1918년 '11월 혁명'이 일어나 당시 황제이던 빌헬름 2세(1859~1941년)가 물러나게 되는데, 이때 탄생한 바이마르공화국의 헌법이 그 시초입니다.

그 시기 독일은 '융커'라고 불리던 지주(귀족)들이 중앙정부와 지방자치단체, 의회, 군부 등의 권력층을 독점하고 있었습니다. 당시 미국 다음가는, 세계 2위의 생산력을 가진 독일이었지만 국민들은 권리나 수입 면에서 불만을 가질 수밖에 없는 구조였습니다.

변화의 바람은 제1차 세계대전이 촉매가 됩니다. 1918년 독일군의 패배가 짙어지며 군부의 영향력이 줄어들자 그 힘의 공백기

이원집정부제를 개척했던 전 시대 독일은 대통령의 권한이 상당했으나 전권을 장악한 히틀러의 독재를 경험한 뒤 의원내각제 요소를 강화해 권력을 분산시켰다.

를 사회민주당과 일반 병사 및 노동자들의 시위가 파고듭니다. 평화와 자유 보장, 황제 퇴위, 정치 개혁을 요구하는 시위는 급속히 전국으로 퍼져 나갔습니다.

그 결과 나온 것이 황제정치의 폐지와 바이마르공화국의 수립입니다. 공화국의 명칭은 당시 의회가 소집되었던 바이마르라는 도시에서 따온 것이며, 이때 제정된 헌법에 7년 임기의 대통령제와 의원내각제 요소를 같이 넣었습니다.

대통령은 국민의 직접선거로 선출했고(초대 대통령은 의회의 간접선거로 당선됨) 수상 임명권, 의회 해산권, 긴급 명령권 등을 부여받아 권한이 상당했습니다. 하지만 비상시국이 아닌 평소의 국내 정치는 수상을 중심으로 이루어져 권력을 나눈 이원집정부제의 모습이었습니다.

그러다가 대통령과 총통 및 수상의 지위를 겸임한 채 제2차 세계대전을 일으킨 아돌프 히틀러의 독재를 경험한 뒤인 1949년 독일연방공화국 건립과 함께 헌법을 고쳤습니다.

의원내각제의 요소를 한층 강화해 총리가 행정부를 이끌고, 대통령은 형식상 국가원수이지만 실권이 없도록 했습니다. 대통령의 선출도 연방의회 의원들과 주의회 의원들로 구성된 선거인단을 통한 간접선거로 바꾸고, 임기를 5년으로 줄였습니다.

이런 까닭에 현재의 독일은 의원내각제로 봐야 합니다. 대통령이 있긴 하지만 국민의 직접선거가 아닌 간접선거로 선출하고 통치 역시 총리 중심으로 이루어져 의원내각제의 정치 형태에 훨씬 가깝기 때문입니다.

이렇게 보면 현재는 프랑스가 이원집정부제를 시행하는 대표적인 나라라고 할 수 있습니다.

프랑스는 유럽에서 가장 먼저 대통령제를 시행한 나라이지만 1946~1958년의 제4공화국 시절엔 의원내각제를 채택하고 있었습니다. 그 마지막 해이던 1958년, 당시 프랑스의 식민지이던 알제리에서 일어난 독립전쟁으로 정국이 시끄러워지자 강력한 카리스마를 지닌 전 총리 샤를르 드골(1890~1970년)이 재등장했습니다.

누가 정상회담에 나서는가로 그 나라의 실질적인 통치자를 알 수 있다. 프랑스는 마크롱 대통령(오른쪽)이, 독일은 메르켈 총리가 나라를 대표한다.

다시 총리가 된 드골은 이원집정부제 형태의 제5공화국을 출범시키고 국민의 직접선거로 대통령에 당선됩니다(알제리는 프랑스와의 전쟁 끝에 1962년 독립). 그때 이후 프랑스는 이원집정부제를 이어 오고 있습니다.

프랑스의 정부 형태는 독일과는 반대로 총리보다 대통령의 권한이 더 강합니다. 외교와 국군통수권, 법률 공포권, 총리와 내각 임명권 등이 대통령에게 있습니다.

그래도 의원내각제 요소를 존중해 의회 다수당에서 선출된 총리의 임명권을 대통령이 갖긴 하되 내각 조직권과 행정권은 총리에게 주고 있습니다. 그러다 보니 야당이 의회 의석의 과반수를 차지하면 대통령과 정당이 다른 야당 대표가 총리가 되기도 합니다.

프랑스는 시민혁명 → 황제정치 → 왕정 부활 → 공화정에 이르기까지 그야말로 드라마틱한 정치적 격변을 겪어 온 나라입니다. 그런 경험 속에 강한 통치력은 필요하지만 권력을 특정인이 독점하면 안 된다는 의식이 국민 사이에 자연스럽게 자리 잡은 것 같습니다.

그런 면에서 이원집정부제는 프랑스에 잘 맞는 옷으로 보입니다. 2017년 프랑스는 대통령으로 역대 최연소인 39세의 에마뉘엘 마크롱(1977년~)을 당선시켜 세계를 놀라게 했습니다. 정치든 예술이든 모험심 가득한 프랑스다운 선택이라 하겠습니다. 프랑스 대통령의 임기는 5년이며 1회 연임이 가능합니다.

이원집정부제 국가에서 대통령과 총리 중 누가 더 권한이 강한가는 나라마다 다릅니다. 그 상징적인 장면을 외국과의 정상회담 때 볼 수 있습니다. 어느 나라는 대통령이, 어느 나라는 총리가 나라를 대표해서 나섭니다.

이원집정부제는 헌법 개정에 대한 논의가 활발한 우리나라에서도 관심이 큰 정치체제입니다. 현재의 헌법이 부여하고 있는 대통령의 권한이 너무 강하다는 여론이 있고, 그 대안으로 이원집정부제 도입을 주장하는 사람들이 적지 않기 때문입니다.

우린 권력을 나눠서 나라를 다스리지.

제5장

정치의 여러 얼굴

정치는 여러 얼굴을 하고 있다.
여전히 왕정을 고수하는 나라가 있는가 하면 최고
성직자가 통치자인 제정일치제를 시행하는 나라도
있다. 또, 어떤 나라들은 한때 식민 지배자였던
나라의 왕을 자기 나라의 상징적인 왕으로 받든다.
그 이면에는 외교, 종교 분쟁, 경제 등
다양한 이해타산이 깔려 있다.
공산국가, 독재국가도 정치의 또 다른 얼굴이다.
겉으로는 인민을 내세우지만
본모습은 개인이 없는 나라들이다.

정치 위에 종교가 있는 아랍의 왕국들

"여봐라, 게 누구 없느냐!"

사극 드라마에서 많이 듣는 소리죠. 사극에서만이 아니라 여전히 왕이 실질적 통치자로 권력을 행사하는 나라도 적지 않습니다.

아라비안나이트의 지역인 중동에 그런 나라가 많습니다. 사우디아라비아, 아랍에미리트연합UAE, 쿠웨이트, 바레인, 오만, 카타르 그리고 유럽의 모나코, 동남아시아의 브루나이, 남아프리카의 스와질란드 등이 왕정을 시행하는 나라입니다.

사우디아라비아는 현대시대에 '전제군주제專制君主制'를 볼 수 있는 대표적인 나라입니다. 전제군주제란 영국이나 일본과 같은 입헌군주제(왕은 상징적 군주이고 총리가 통치)와는 달리 왕이 모든 통치 권한을 갖는 완전한 왕정정치를 의미합니다.

사우디아라비아 국왕의 권한은 행정부 · 입법부 · 사법부 등

각 방면에 걸쳐서 절대적입니다. 왕이 반포한 정부 각 부처의 권한과 의무가 명시된 법령이 나라를 움직이는 기준입니다. 그래서인지 아예 공식 헌법이 없습니다.

정당도 인정되지 않습니다. 정치・사회적으로 필요한 법안은 왕의 자문기구에서 만들고 왕이 승인하는 걸로 효력을 발휘합니다. 150명으로 구성된 자문기구는 다른 나라의 의회와 비슷하지만 이 또한 국민이 선출하는 게 아니라 왕이 임명합니다.

한마디로 비민주적입니다. 그래도 국가 기능이 작동되는 건 인구의 거의 100%가 신자인 이슬람의 교리와 오랫동안 전해져 온 관습법이 국가 질서의 큰 부분을 담당하기 때문입니다.

윗사람을 공경하고, 음악과 춤은 신앙생활을 해친다 하여 금지하는 나라. 우리 눈에 어떤 부분은 답답할 수 있지만 그런 것들이 다 이 나라를 움직이는 관습입니다.

여성들이 불쾌해할 부분도 있습니다. 이슬람 교리에 따른 남녀 차별이 엄격합니다.

여성의 절반가량이 대학을 졸업하지만 13% 정도만 직업을 가지고 있고, 여성 혼자서는 은행계좌를 개설할 수 없습니다. 여성의 축구장 입장과 운전도 금지되어 있다가 2018년에야 허용되었습니다. 또, 생리 중일 때는 코란에 손을 대서는 안 되며, 외출을 하려면 온몸을 가리는 아바야라는 전통 의상을 입어야 합니다.

여성은 정치적으로도 차별을 받습니다. 여느 국가처럼 지방선거는 있지만 여성에게 참정권(후보로 나설 수 있는 권리)을 주지 않다가 최근에야 일부 허용하고 있습니다. 투표권도 제한되어 18세 이상 여성 유권자 600만 명 중 10% 정도만 유권자로 등록되어 있습니다.

또, 선거 때 여성 후보자는 남성 유권자들을 상대로 유세를 할 수 없어 남성 대변인을 통해 간접 소통해야 합니다. 여성 후보자가 사람들한테 자신의 정치적인 생각을 제대로 전할 수나 있을지 의문이 드네요.

사우디아라비아 옆에 위치한 아랍에미리트연합은 7개의 에미리트(부족국가)가 공동으로 세운 나라입니다. 아부다비, 두바이, 샤자 등 각 에미리트는 하나하나가 고유한 왕국입니다.

각기 왕국의 일을 결정할 수 있는 자치권을 가지고 있으며, 연합체인 나라를 위해서는 각 에미리트의 왕 7명이 함께하는 통치자위원회를 두고 있습니다. 그중에서 아랍에미리트연합의 대통령과 부통령을 선출하고, 대통령은 총리와 장관들을 지명해 내각을 구성합니다. 그러고 보니 왕, 대통령, 부통령, 총리가 고루 다 있는 나라네요.

이웃 나라인 쿠웨이트 역시 왕이 통치합니다. 행정부에 총리를 두고 있지만 왕이 왕자들 중 한 사람을 총리로 임명합니다. 또, 총리가 장관들을 추천하면 왕이 임명합니다. 사실상 왕의 1인 통치라 해도 틀리지 않으며, 왕좌는 아들에게 승계되는 세습제입니다.

중동의 왕국들에서는 왕의 형제와 왕자들도 고위 관직이나 국

중동은 사막으로 지역이 단절되어 작은 왕정국가에 해당하는 토후국들이 많았다. ©Fotolia

가가 운영하는 석유회사 같은 큰 기업의 회장을 맡고 있는 경우가 흔합니다. 그렇다 보니 왕족들이 매우 부자인 것도 특징입니다.

이란은 왕정국가는 아니지만 통치자의 권한이 왕과 다를 바 없습니다. 원래는 중동의 다른 나라들처럼 왕이 다스렸으나 1979년 이슬람혁명으로 왕정을 폐지하고 최고성직자가 통치하는 나라로 바뀌었습니다.

이후 종교가 곧 정치이자 사회 규범인 신정神政일치 공화국이 되었습니다. 신정일치를 이룬 데서 보듯 국민 대부분은 이슬람 신자이며, 무슬림(이슬람 신자)으로서의 책무 역시 사우디아라비아처럼 엄격합니다. 이런 면은 세계 50개국이 넘는 이슬람권 국가들이 거의 비슷해 이슬람 외에 종교의 자유를 인정하지 않습니다.

이란의 통치자는 입법부, 행정부, 사법부, 군대 등 국정 전반에 걸쳐 절대적인 실권을 행사합니다. 공화국을 표방하는 만큼 국민의 선거로 선출되는 임기 4년의 대통령이 있으나 최고성직자의 권한이 훨씬 셉니다. 대통령은 대외적으로 나라를 대표하긴 하지만 권한 면에서는 독립적으로 할 수 있는 게 별로 없습니다.

중동은 사막으로 지역이 단절되어 있어 전통적으로 토후국(부족 중심의 작은 왕국)이 많았습니다. 근・현대 초기 지도를 보면 큰 나라는 오스만제국(터키와 아라비아반도 북서부), 이집트, 페르시아(이란) 정도였죠. 하지만 이들 나라도 온전한 독립국 상태가 아니라 이 지역에서 식민지 쟁탈을 벌인 영국, 프랑스, 러시아 등의 세력 아래 있었습니다.

즉, 근・현대 초기 중동 전체가 정치적으로 안정되지 못해 이후 독립하는 과정에 국경은 물론 정치제도도 많이 바뀌게 됩니다.

제1차 세계대전 뒤 오스만제국이 아라비아반도 쪽 영토를 영국과 프랑스에 뺏긴 채 터키가 되었고, 영국 보호령이었던 페르시아는 1935년 이란 왕국으로 독립했다가 1979년 이슬람혁명에 의해 지금의 공화국이 되었습니다.

또, 18세기 중엽 아라비아반도에서 나라를 일으켰던 와하브왕국이 주변 부족을 규합해 1932년 사우디아라비아를 건국했습니다. 16세기 이래 오스만제국의 속주였던 이라크는 1932년 왕국으로 독립했다가 1958년 공화국으로 변모했습니다.

중동 국가들은 과거의 왕국이 식민지를 거쳐 독립했거나 이후 공화국이 된 경우가 많지만 민주적 제도를 성공적으로 정착시킨 나라는 거의 없습니다. 그러다 보니 중동에서는 왕정이 하나의 정치문화처럼 흘러온 면이 없지 않습니다.

중동의 정치를 언급하자면 하나 더 살펴봐야 할 게 있습니다. 전 세계 12억 신자를 거느린 이슬람의 2대 종파인 수니파와 시아파의 분쟁이 그것입니다. 중동 정치의 절반 이상이라고 해도 틀리지 않을 갈등입니다.

사우디아라비아를 맹주로 하는 수니파는 무슬림의 90%를 차지하고, 시아파는 신자 수에서는 적지만 군사강국 이란을 주축으로 하고 있어 힘이 만만치 않습니다.

두 종파의 대립은 무려 1,400여 년을 이어 온 갈등입니다. 그 씨앗은 이슬람의 창시자인 무함마드(570~632년)가 후계자 지명 없이 갑자기 사망하면서 뿌려졌습니다.

당시 무슬림 공동체는 '순나Sunnah'라는 선출제도를 통해 칼리프(후계자)를 지명했습니다. 바로 수니파의 뿌리입니다. 하지만 무함마드의 자손들은 이를 부정하고 무함마드의 사촌이자 사위인 알리를 후계자로 내세웠습니다. '이맘Imam'이라 불리는 혈통 중심의 승계인데, 이를 따르는 사람들이 시아파입니다.

수니파의 칼리프는 4대째인 우마미야에 이르러 이 가문만의 세습제로 이어지고, 시아파는 당연히 이를 인정하지 않습니다. 우

'알라 외에는 신(神)이 없고 무함마드는 알라의 사도다'라고 적힌 사우디아라비아 국기와 거리에 걸려 있는 이란의 최고성직자 겸 통치자의 사진. 두 나라는 종교와 정치적으로 사사건건 대립한다.

마미야 가문은 알리의 존재를 불안하게 여겨 그를 암살한 데 이어 그 아들마저 살해합니다. 661년에 일어난 이 사건으로 인해 서로는 돌이킬 수 없는 앙숙이 됩니다.

두 종파는 이후 무력 공격과 복수를 반복해 화해는 현재도 멀기만 합니다. 이제는 칼리프도 이맘도 종교지도자라는 의미로만 쓰일 뿐 승계는 유명무실해졌고 수니파와 시아파의 갈등만이 남아 있습니다.

여기에 미국의 중동정책이 끼어들며 문제를 더욱 심화시켰습니다. 미국은 한때 이란과 사우디아라비아 모두와 우호관계였습니다. 중동을 노리는 구소련에 대응해 이란을 군사강국이 되도록 지원했고, 사우디아라비아는 경제강국으로 육성했습니다.

하지만 이란이 이슬람혁명 이후 반미로 돌아서고 러시아로부터 핵개발 프로그램을 지원받으면서 미국과 적이 됩니다. 사우디아라비아는 여전히 미국과 우호관계를 유지해 이란과의 사이는 그만큼 더 나빠졌습니다.

수니파와 시아파의 갈등은 미국의 이라크 침공, 끊이지 않는 테러, 시리아 반군 등의 배경에도 숨어 있습니다. 이라크와 시리아의 정부는 시아파이고 반군은 수니파입니다. 저마다 종파를 명분으로 내세우지만 희생되는 건 힘없는 국민들입니다.

두 종파의 분쟁 역사를 보면 종교 문제만으로 보이지 않습니다. 종파를 지렛대 삼아 형성된 정치세력 간의 대립이 더 짙어 보이는 오늘입니다.

끝으로 하나. 절대권력과는 너무 달라 보이는 동화 같은 왕정국가도 있습니다. 바로 프랑스 내의 도시국가인 모나코입니다. 인구가 3만 1,000명에 불과할 정도로 작지만 프랑스와의 협정으로 주권을 보장받은 엄연한 독립국입니다. 인구가 적다 보니 군대를 두기 어려워 국방은 프랑스가 책임져 줍니다.

모나코는 의원내각제를 채택하고 있지만 왕이 실질적인 국가원수입니다. 의회는 18명의 의원들로 구성되어 있습니다. 관광산업을 통해 국민소득이 높고 세금이 없는 부러운 나라이기도 합니다. 왕정국가 가운데 드물게 보는 민주적인 복지국가입니다.

모나코하면 떠오르는 이야기는 1956년 당시 왕자이던 레니에 3세와 미국의 유명 여배우이던 그레이스 켈리의 영화 같은 결혼입니다. "내 궁전은 혼자 지내기에는 너무 넓어요." 레니에 3세가 신부에게 청혼하며 했던 말이라고 합니다.

왕이 다스리는 나라들을 보면 몇 가지 공통점이 있습니다. 왕의 권력이 지나치게 강하고, 내각제를 채택하고 있어도 형식적인 경우가 많습니다. 심지어 법률까지 왕이 정하는 나라도 있고요. 민주주의와는 동떨어진 모습이 아닐 수 없습니다.

민주주의라 하면 지도자를 선출할 권리가 국민에게 있고, 통치자를 견제할 제도적 장치가 있고, 법 앞에 누구나 평등하다는 게 기본이니까요.

이런 면에서 왕정국가는 대통령제나 의원내각제 국가보다는 국민의 주권의식이 상대적으로 흐린 것 같습니다. 어쩌면 왕정이 일상적이다 보니 국민이 주권을 각성할 기회가 적었는지도 모르겠습니다.

- 이라크, 시리아: 정부는 시아파, 반군은 수니파
- 예멘: 정부는 수니파, 반군은 시아파
- 아프가니스탄: 수니파 다수, 하자라족 등 소수민족은 시아파

중동의 종교 권력 지형

서아시아를 중동으로 부르는 까닭은?

중동(Middle East)이라는 표현은 유럽인들의 시각에서 보는 '동방'의 개념이다. 극동(동쪽 끝, Far East)인 동아시아보다 유럽에 가까운 아라비아반도 일대를 동방의 중간쯤으로 본 데서 유래한다.

정작 아시아의 주인인 아시아인의 시각은 제쳐 두고 서구 중심적인 사고에서 비롯된 용어라고 할 수 있다. 오늘날에는 같은 이슬람권인 지중해 연안의 북아프리카까지 포함해서 중동으로 지칭하기도 하여 지리적 범위가 모호해졌다. 그래서 원래의 중동만을 일러서 근동(Near Middle East)이라는 말도 쓴다.

중동 지역으로 구분되는 나라는 23개국이며, 인구는 약 3억 3,000만 명이다.

중동 사람들의 조상은 기본적으로 백인계인 코카서스 인종이다. 그 갈래인 함족과 셈족, 아리안족이 대대로 이 지역에서 살아왔다. 함족은 이집트인이 대표적이며, 셈족은 모로코에서 이라크에 이르는 아랍인, 시리아인, 유대인에 해당한다. 아리안족은 더 동쪽 지역인 이란인과 아프가니스탄인이다. 또 하나 터키를 중심으로 하는 투르크족도 세력이 작지 않다.

중동에는 쿠르드족이라는 애매한 입장에 있는 민족도 있다. 자기 나라가 없는 민족으로서는 세계에서 인구가 가장 많다.

터키에 1,500만 명, 이란에 800만 명, 이라크에 600만 명, 시리아에 150만 명 등 3,000만 명이 넘는 쿠르드족이 몇 개 나라에 흩어져 살고 있다. 그들의 저항과 독립투쟁의 역사는 지금도 계속되고 있으나 나라마다 이해가 갈려서 독립의 길은 험난하기만 하다.

영국연방 국가들은 왜 흩어지지 않을까

의원내각제 국가들은 과거에 왕이 통치하다가 입헌군주제가 된 경우가 많다고 앞서 이야기했습니다. 헌법을 통치의 기둥으로 삼는 입헌주의와 왕을 뜻하는 군주가 공존하는 나라들인 거죠.

참고로 대통령제를 시행하면서 입헌군주국인 나라는 거의 없습니다. 공화정 국가라면 헌법에서부터 대통령을 최고통치자로 규정하고 있는 게 상식이어서 동급인 왕이 또 존재한다는 것이 모순되기 때문입니다. 하지만 입헌군주국 + 의원내각제에서의 총리는 형식상 왕의 신하입니다. 예를 들면 일본 총리의 공식 직책명이 '총리대신'인 것이 그런 모습입니다.

입헌군주국 + 의원내각제의 국가로는 영국, 스페인, 노르웨이, 스웨덴, 덴마크, 네덜란드, 벨기에, 룩셈부르크, 모로코, 일본, 태국, 요르단, 바레인, 부탄, 말레이시아 등이 있습니다.

왕이 실존하다 보니 동화에나 나올 법한 백마 탄 왕자, 신데렐라의 유리구두 등 꿈같은 이야기가 아직도 가끔 현실로 이루어지는 나라들입니다. 왕에 대한 국민들의 존경과 인기도 꽤 높습니다. 나랏일에 관여하지 않아 정치 싸움에 끼일 일이 없어서인지 우아한 면만 보이는 거죠.

그러다 보니 왕자, 공주의 결혼이 큰 화제가 되기도 합니다. 결혼으로 보통 사람이 왕의 가족이 되는 현대판 신데렐라 이야기인 것이죠.

지금은 죽고 없지만 1981년 영국의 왕세자비 다이애나

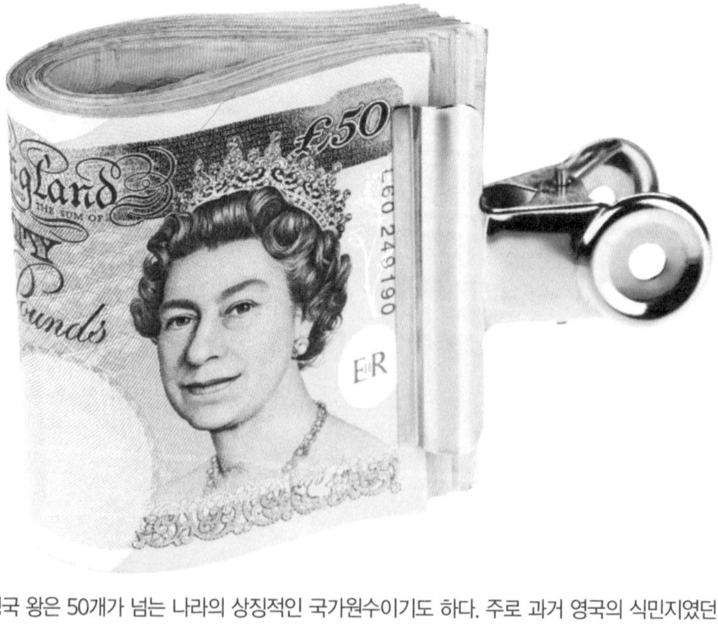

영국 왕은 50개가 넘는 나라의 상징적인 국가원수이기도 하다. 주로 과거 영국의 식민지였던 나라들로 경제적인 이익을 위해 관계를 이어 가고 있다. ©Fotolia

(1961~1997년)가 찰스 왕세자와 결혼할 때 우리나라에서도 TV로 생방송을 했을 정도입니다. 이젠 그 아들인 윌리엄 왕자와 2011년 결혼한 케이트 미들턴이 주목받고 있습니다. 평민 출신에 아름답기까지 해서 인기가 스타 이상입니다.

2010년에는 스웨덴의 왕위 계승 서열 1위인 빅토리아 공주가 시골 출신의 개인 헬스코치인 다니엘 베스틀링을 신랑으로 맞아 세계의 눈길을 모았습니다. 남자 신데렐라의 탄생이네요.

의원내각제 국가 중엔 영국 왕을 상징적인 국가원수로 받드는 나라들이 있습니다. 이른바 '영국연방 국가들'인데 무려 53개국이나 됩니다. 대개 과거 영국의 식민지였던 나라들로 캐나다, 오스트레일리아, 뉴질랜드, 인도, 싱가포르 등이 그렇습니다. 각 대륙마다 식민지를 두어서 '해가 지지 않는 나라'로 불렸던 대영제국의 옛 흔적입니다.

영국연방 중에는 인도나 싱가포르처럼 대통령제와 의원내각제를 같이 시행하면서 영국 왕을 받드는 나라가 있고, 말레이시아와 브루나이, 스와질란드는 자기 나라의 왕이 또 있습니다.

영국연방 국가에는 영국 왕이 임명하는 총독이 있습니다. 식민지 시절에는 영국 왕의 명을 받아 그 나라를 통치했으나 지금은 형식적으로만 총독이 존재합니다.

영국연방 국가들이 과거 자기 나라를 지배했던 영국 왕을 받드는 것은 얼핏 생각하면 이해가 안 갑니다. 우리는 일본의 식민지를 겪어 식민지라는 단어만 들어도 거부감이 드는데.

식민지는 한자로 '땅에 사람을 심는다'는 뜻입니다. 즉, 자기 나라 사람을 다른 나라에 보내 자기 나라처럼 만드는 것을 말합니다.

우리나라도 조선시대 세종대왕(1397~1450년) 때 북쪽 지역에 4군6진을 설치하고 식민지 정책을 폈는데, 그런 과정을 통해 함경북도 일대를 조선 땅으로 만들었습니다.

영국은 과거 크게 두 가지의 식민지를 두었습니다.

첫째는 영국 사람들이 들어가서 개척한 캐나다, 호주, 뉴질랜드와 같은 식민지. 이들 나라는 모두 건국 100년이 넘을 만큼 일찌감치 독립국이 되었지만 영국이 모국이라는 인연에 독립 후에도 영국연방으로 남아 있습니다.

둘째는 인도, 이집트, 방글라데시, 케냐처럼 군대를 보내서 식민지로 만든 나라들. 북아메리카에서도 원주민인 인디언들을 무력으로 정복한 것은 맞지만 당시 인디언들이 세운 나라가 존재했던 건 아닙니다. 그에 반해 인도나 이집트는 정부가 있던 나라를 굴복시켰다는 점이 다릅니다.

그런데 흥미로운 건 이들 나라에 전파된 영국 문화입니다. 대개 경제적 침탈을 목적으로 만든 식민지였지만 영국의 앞선 제도를 가져가고 선진문화를 교육시켜 그 나라 사람들의 호감을 샀습니다.

영국의 식민지였던 인도는 아시아에서 영국연방을 고수하는 대표적인 나라다. ©Fotolia

그렇다고 식민지 국가들의 저항이 없었던 것은 아닙니다. 인도에서는 마하트마 간디(1869~1948년)를 중심으로 한 비폭력 저항운동이 세계적인 이목을 끌었고, 아프리카의 케냐, 잠비아, 중동의 예맨 등은 무장투쟁과 정치적인 타협을 통해 제2차 세계대전 이후 식민지에서 벗어났습니다.

하지만 전 시대는 오늘날만큼 민족의식이 강한 때가 아니었고 영국 또한 현지 사람들을 가혹하게 차별하지 않아 반감이 심하지 않았습니다.

과거 영국의 식민지였던 국가들은 설령 나쁜 감정이 남았더라도 여전히 세계 강국인 영국과의 교류를 유지하려고 했습니다. 영국의 간섭을 받지 않게 되었음에도 교류를 통해 경제적인 혜택을 볼 수 있으니까요.

그래서 이들 나라에는 현재까지도 영국식 정치제도와 문화 양식이 많이 남아 있고, 영국과의 연결로 경제적 이익까지 얻다 보니 영국연방에서 떠나지 않는 것입니다.

영국연방 회원국들은 서로 간의 무역에 관세 등 세금 혜택을 부여해 이익을 주고받기도 합니다. 영국의 보이지 않는 힘이 지금도 크다고 할 수 있는 거죠.

세계 각 대륙의 영국연방 국가들

더 알아보기

영국연방 국가들

영국, 키프로스, 몰타(이상 유럽), 보츠와나, 카메룬, 가나, 케냐, 레소토, 말라위, 모리셔스, 모잠비크, 나미비아, 나이지리아, 르완다, 세이셸, 시에라리온, 남아프리카공화국, 스와질란드, 우간다, 탄자니아, 잠비아(이상 아프리카), 방글라데시, 브루나이, 인도, 말레이시아, 몰디브, 파키스탄, 싱가포르, 스리랑카(이상 아시아), 캐나다, 안티쿠아바부다, 바하마, 바베이도스, 벨리즈, 도미니카, 그레나다, 가이아나, 자메이카, 세인트루시아, 세인트키츠네비스, 세인트빈센트그레나딘, 트리니다드토바고(이상 아메리카), 호주, 피지, 키리바시, 나우루, 뉴질랜드, 파푸아뉴기니, 사모아, 솔로몬제도, 통가, 투발루, 바누아투(이상 태평양).

쉽지 않은 정치의 봄,
공산국가와 독재국가

세계에는 우리가 잘 모르는 정치체제를 가진 나라도 적지 않습니다. 공산주의 국가들이 그렇습니다. 공산주의라는 용어는 익숙하지만 정치제제에 비밀스러움이 많고 외부로 잘 드러내지도 않으니까요.

그럼에도 우리는 공산국가와 떼려야 뗄 수 없는 관계입니다. 공산당 정권과 총부리를 맞댄 분단국가이고, 바로 옆에는 거대 공산국가인 중국을 두고 있기 때문입니다. 그 외 베트남과 쿠바, 북한도 공산국가입니다(우리 헌법상 북한은 반국가단체이지만 국제적으로는 국가임).

중국은 최근 우리나라에 미국 다음으로 중요한 교류 상대가 되고 있는 나라입니다. 한반도보다 44배나 넓은 영토, 약 14억 명에 달하는 인구, 막강한 군사력에 더해 경제력까지 드높이고 있는 중국입니다.

그래선지 우리나라 신문에도 중국과 관련한 뉴스가 많이 나옵니다. 그런데 통치자를 부르는 명칭이 '주석'이고, 더러는 '총서기'라는 말도 씁니다. 주석은 공산국가에서 흔히 쓰는 통치자의 직위라지만 서기는 우리말에서 '회의록을 쓰는 사람' 또는 하급 공무원의 의미인데 통용되는 명칭부터 다르네요.

1949년 공산주의 국가를 세운 중국은 전국인민대표회의라는 제일 높은 단계의 권력기관을 두고 있으나 사실은 공산당이 모든 권력을 쥐고 있습니다. 공산당은 사회 전 분야를 지배하며 대부분

구소련 해체 뒤 공산권 국가의 새로운 맹주가 된 중국. ©Fotolia

의 중요한 결정을 내립니다.

전국인민대표회의에 우리나라의 행정부에 해당하는 국무원이 있지만 공산당의 결정을 받아서 수행하는 하급기관에 불과합니다.

중국 공산당에는 중앙위원회(최고 직책 '총서기')와 중앙군사위원회(최고 직책 '주석') 같은 핵심 조직이 있는데, 대개는 한 사람이 총서기와 주석을 겸임합니다. 선거보다는 전임자의 신임과 세력에 의한 추대로 후계자를 결정합니다.

그 과정을 거쳐 서열 1위에 오른 사람이 통치자인 임기 5년(1회 연임 가능)의 국가주석이 되며, 현재는 시진핑 주석(1953년~)이 그 자리에 있습니다.

이처럼 중국에서는 공산당이 모든 권력을 잡고 있다 보니 선거는 형식적인 절차에 그칩니다. 다만 경제 발전과 함께 국민의 자유의식이 한층 올라간 최근에는 지역 단위의 대표자들을 직접선거로 선출해 변화를 보여 주고 있습니다.

그렇지만 착각하지 말아야 할 것이 있습니다. 중국은 국민이 통치자의 교체를 원해도 교체가 불가능하고, 거주 이전의 자유가 없어 북경 시민이 되려면 당국의 허가를 얻어야 합니다. 언론과 인터넷도 자유롭지 않습니다. 공산국가이기 때문입니다.

중국은 대만(스스로는 중화민국이 공식 국호인 민주국가)에 대해서도 '하나의 중국'을 선언하면서 1971년 원래의 UN 회원국이던 대만을 밀어내고 대신 회원국이 되었습니다. 우리나라도 중국과의 교류가 늘던 1992년 대만과 단교하고 중국과 정식으로 국교를 맺었습니다. 대만은 중국의 고립정책으로 인해 외교적으로 설움을 받는 나라이기도 합니다.

베트남과 쿠바, 북한 역시 공산당(북한은 조선노동당이라는 당명을 가지고 있음)의 서열 1위가 통치자입니다. 그렇지만 정권을 이어 오며 실질적인 제도는 서로 달라진 면이 많습니다.

베트남은 1986년 베트남 공산당대회에서 개혁・개방 정책인 '도이모이' 노선을 채택한 이후 새 길을 걷고 있습니다. 행정부와 의회의 기능을 강화하고 권력을 분산시킨 것이 그런 모습입니다.

최고실권자는 공산당 서기장이지만 국회의원 중에서 선출된 국가주석이 대외적인 국가원수로서 군사와 외교를 담당합니다. 또, 정치와 경제는 총리가 담당합니다.

베트남의 통일을 두고 싸웠던 미국과 1995년 국교를 정상화한 뒤 세계 대부분의 나라와 외교도 복구했습니다. 정부체제만 바꾼 것이 아니라 자본주의 방식을 도입해 경제에서도 성과를 내고 있습니다.

쿠바는 전국 대의원들로 구성된 '인민권력국가회의'가 최고권력기관이지만 실제는 그중 엘리트들의 모임체인 국가평의회가 핵심입니다. 그리고 국가평의회의 의장이 쿠바의 통치자입니다.

국가평의회 의장은 각료 임명, 군통수권 등 실권을 행사하며 대외적으로도 국가원수입니다. 정당은 공산당뿐이며, 정부의 구성원들은 물론 모두 공산당원입니다.

북한에 대해서는 완전 1인 지배 체제여서 소개하지 않기로 합니다. 정치와 군사는 물론 경제 · 사회 · 문화 등 모든 분야가 김정은 국방제1위원장(1984년~)의 권력 안에 있어 정치제도를 설명하는 것이 무의미하기 때문입니다.

참고로 구소련이 해체된 이후의 러시아는 더 이상 공산국가가 아닙니다. 공산당 1당 독재에서 벗어나 다당제를 실시하고 있으며, 통치자도 과거 공산당의 최고실권자이던 서기장이 아니라 국민이 직접투표로 선출하는 대통령입니다.

여기서 하나 언급하고 싶은 것이 있습니다. 공산주의 국가들과 관련된 공통된 이야기입니다. 공산주의는 1840년대 그 이론적 토대를 세운 카를 마르크스(1818~1883년)가 꿈꾼 대로 흘러가지 않았습니다.

사유재산제도에서 발생하는 사회적 타락과 빈부격차 문제를 공동재산제도를 통해 극복해 이상적인 사회를 구현한다는 것이 공산주의의 목표였습니다. 그러나 공산국가에서의 정치는 공동사회의 관리를 빙자한 절대권력자의 등장으로 변질되고, 사유재산에 대한 부정은 사람들의 근로 의지를 감퇴시켜 집단적 가난을 초래했습니다.

중국과 베트남의 경제성장은 뒤늦게나마 시장경제를 도입한데 따른 것이며, 그 외 일반적인 국가제도에서 공산국가들은 대개 독재정치를 유지하고 있습니다. 독재는 장기 집권만이 폐단인

공산주의를 설계한 카를 마르크스. 그러나 현실의 공산국가들은 그의 이상과는 달리 독재정치로 흘렀다.

것이 아니라 독재를 위해 국민의 자유와 인권을 제한하는 것이 더 큰 문제 요소입니다.

지구상에는 공산국가 못지않은 독재정치로 국민을 불행하게 한 나라도 많습니다.

42년간 리비아를 철권 통치한 무아마르 알 카다피(1942~2011년, 공식 직함이 없었으며 2011년 반정부 시위 때 시민군에게 사살됨), 24년간 이라크를 지배한 사담 후세인 대통령(1937~2006년, 미국과의 결프전쟁에서 패한 뒤 체포되어 사형됨)은 국제적으로도 유명했던 독재자들입니다.

카다피는 인민직접민주주의라는 명분을 앞세워 의회와 헌법을 폐지하는 등 왕정 이상의 1인 지배를 유지했습니다. 후세인은 이란과 쿠웨이트 침공, 소련의 스탈린을 모방한 공포정치, 비밀경찰을 통한 감시체제 구축, 개인숭배 등 독재자들이 하는 악행을 고루 다 저질렀습니다.

또, 지금은 모든 직위를 잃었지만 24년간 튀니지를 지배한 벤 알리(1936년~), 30년간 이집트를 지배한 무하마드 호스니 무바라크 대통령(1928년~), 34년간 예맨을 통치한 알리 압둘라 살레 대통령(1942년~)도 악명 높은 독재자들이었습니다.

이들 나라는 민주화를 이룰 기회도 있었습니다. 2010년 12월 북아프리카의 튀니지에서 시작되어 중동 전역으로 번졌던 반정부 시위가 그것이죠. 일명 '아랍의 봄'으로 불리는 이때의 시위는 독재정치, 정부의 부패, 경제 침체 등 여러 이유가 한꺼번에 분출되어 벌어진 일이었습니다.

시위는 리비아, 이집트, 시리아, 예멘을 넘어 아랍의 왕정국가들에까지 퍼져 갔으나 미완성에 그쳤습니다. 위에서 언급한 독재자들을 축출하는 것까지는 좋았습니다. 그러나 튀니지를 제외하고는 민주정부를 성공적으로 출범시키지 못한 채 불확실한 정치 또는 산발적인 반정부 시위가 지금도 이어지고 있습니다.

어떤 면에서는 상황이 더 악화된 부분도 있습니다. 권력의 공백을 차지하려는 이슬람 종파 간의 대립, 시리아를 찢어 놓은 내전, 수백만 명이나 발생한 난민, 자폭 테러 등으로 심각한 사회 혼란마저 나타나고 있는 중동입니다. 그래서 아랍의 봄 이후를 '아랍의 겨울'이라고도 부릅니다.

민주주의! 생각보다 험한 길입니다. 여러 번 강조하지만 결국 국민이 깨어 있어야 국민의 것이 되는 민주주의입니다.

하나의 중국 선언!

중국의 권력 구조

더 알아보기

중국은 어떻게 공산국가가 되었나

중국에서 청나라 왕조를 종식시키고 먼저 건국을 선언한 건 현재 대만 정부의 원조 격인 중화민국이다.

청나라가 영국과의 아편전쟁, 일본과의 청일전쟁에서 연이어 패하는 등 정부 기능이 무기력에 빠지자 미국에서 민주정치를 공부하고 돌아온 쑨원(1866~1925년)이 1911년 무장봉기와 민주혁명을 통해 청나라를 무너뜨렸다. 이듬해인 1912년 그가 난징(南京)에서 건국한 중화민국은 아시아 최초의 공화정 국가였다.

쑨원은 건국이념으로 삼민주의(민족, 민권, 민생)를 내세워 중국에 민주정부를 세우려 했다. 1919년에는 정부 정당으로 국민당을 창당했다. 하지만 중국 전체를 장악한 상태는 아니었고, 쑨원은 중화민국의 초대 총통에 올랐다가 1925년 간암으로 사망했다.

중화민국의 출현에 이어 1921년 중국에서는 또 하나의 정치세력이 탄생했다. 상하이(上海)에서 마오쩌둥(1893~1976년) 등이 중국 공산당을 창당한 것이다.

국민당 군대와 공산당 군대는 처음엔 중국 각지에서 솟아난 무장군벌을 토벌하기 위해 협력했다(1924~1927년, 1차 국공합작). 그러나 쑨원의 뒤를 이은 장제스(1887~1975년)는 반공을 내세워 공산당 세력을 적대시했다.

1927~1934년 국민당 군대의 공격으로 공산당 군대는 크게 위축되었으나 마오쩌둥이 지도자로 나서면서 재기해 다시 경쟁했다. 그러

다가 1937~1945년에는 중국에 대한 침략을 높이는 일본군에 대항하기 위해 2차 국공합작을 이루었다.

1945년 일본이 패망해 물러간 뒤에는 다시 내전에 돌입했고 1949년 공산당 군대가 최후의 승자가 되었다. 중국 대륙을 장악한 공산당의 지도자 마오쩌둥은 같은 해 지금의 중화인민공화국을 건국했고, 장제스는 국민당을 이끌고 대만으로 건너가 대만 정부를 수립했다.

자유국가인 대만에서 통치자를 부르는 명칭은 총통이며 국민의 직접선거로 선출한다. 권한은 우리나라의 대통령과 비슷하다.

제6장

국민을 행복하게 해야 정치다

우리나라만큼 드라마틱한 현대사를 이어 온 나라가 있을까. 일본 식민지시대, 독립, 남북 분단, 6·25 전쟁, 독재자의 등장, 군사정변, 기적 같은 경제 발전, 민주항쟁, 끝내 쟁취한 민주주의! 그러나 아직은 미완성인 대한민국이다. 분단 극복과 국민이 고루 행복한 나라를 만드는 일은 누가 통치자가 되더라도 해결해야 할 핵심 과제다. 정치인은 그 현장의 연출자가 될 수 있어야 한다.

한국 정치에서 제일 시급한 건 뭘까

마지막으로 무대를 현재의 우리나라로 옮겨 보겠습니다. 바로 우리가 살고 있는 나라에서 정치가 우선적으로 해결해야 할 과제를 생각해 보기 위해서입니다.

큰 과제는 역시 남북 분단 상황의 극복입니다. 존재가 무너진다면 모든 것이 무의미해지니까요. 통일에는 북한과의 화해, 미국・중국과의 국제관계 등 여러 난관이 얽혀 있지만 그럴수록 정치인들이 사명감을 가지고 다루어야 할 문제입니다.

지난 시기 특정 정치인 또는 정당이 정치적인 이익을 위해 남북문제를 악용한 경우도 없지 않았습니다. 남북 간의 긴장도를 높이거나 의도적인 화해 분위기를 조성해 선거에 이용한 것이 그런 예입니다.

적어도 민족의 운명과 관계되는 문제를 정치적인 수단으로 쓰는 일은 없어야 하고, 국민도 그런 정치인은 외면해야 합니다.

다음으로는 우리가 살아가는 현실에 정치라는 거울을 비춰 보겠습니다. 사실은 이 이야기를 하려고 마지막 장을 마련했습니다.

무엇보다도 정치는 국민의 행복 추구에 기여할 수 있어야 합니다. 그 조건으로는 성숙한 민주의식, 각종 갈등 해소, 소득불균형 해결 등 여러 가지가 꼽힙니다.

먼저 '우리나라는 얼마나 민주적인가?'라는 질문을 던져 보겠습니다. 민주적이라 하면 모든 국민이 인간으로서의 존엄성과 자유와 평등을 누리고, 권리・의무・자격에서 차별받지 않아야 합니다.

민주주의의 발전에는 정치인을 비롯한 사회지도층의 태도가 매우 중요합니다. 그 이유는 국민에게 끼치는 영향력이 크기 때문입니다. 정치인들은 곧잘 "국민 통합, 공정사회 건설" 같은 말을 합니다. 그러면서 정작 자신은 국회 불출석, 막말과 선동 정치, 뇌물 수수, 법을 무시하는 행동을 예사로 저지릅니다.

정치인, 관료, 대기업 등의 위법은 국민들에게 '나쁜 교육효과'를 전파합니다. 그러다 보니 국민들도 법을 위반했을 때 순순히 시인하는 사람이 드물 지경입니다. 나만 벌 받기 억울하다는 반발심리가 작용하는 거죠. 민주주의는 그런 식으로 깨져 갑니다.

돈으로 자신을 과시하는 황금만능주의, 생각보다 심각한 탈세, 병역기피 풍조도 그렇게 번져 갔다고 해도 틀리지 않습니다. 물론 높아진 민주의식과 언론, 인터넷, 시민단체 등의 감시 기능을 통해 개선되고는 있지만 여전히 비민주적 사고에 젖어 있는 사람들이 적지 않습니다.

영국 왕실의 자손들은 자원입대해 가장 위험한 지역에서 군복무를 하는 것으로 유명합니다. 좋은 지위를 누리는 만큼 더 봉사해야 한다는 인식을 행동으로 실천하는 거죠.

우리나라도 사회지도층부터 겸손하고 솔선수범한다고 가정해 보세요. 좋은 관행은 점진적으로 보편적인 관행이 될 것입니다. 민주주의는 말로써만이 아니라 실천을 먹고 자라니까요.

그러니 정치인을 꿈꾼다면 출세보다는 도덕, 봉사, 헌신과 같은 생각을 먼저 가슴에 담아야 합니다.

민주국가를 가꾸어 가는 데 집단 간의 갈등도 커다란 벽입니다. 지역 · 계층 · 세대 등 집단 간의 갈등은 이념 차이도 원인이 되지만 더 직접적으로는 소득불균형과 관계가 깊습니다. 소득 차이에 의한 양극화, 취업난, 지나치게 낮은 출산율도 따지고 보면 다 연계되는 문제입니다.

한 예로 1.06%(2017년)에 불과한 우리나라 출산율에서 얘기를 전개시켜 보겠습니다. 이는 남녀 10 + 10명이 결혼했을 때 2세대는 10.6명으로 줄고, 그 아이들이 나중에 결혼했을 때 인구가 또 반 토막이 날 수 있는 구조입니다.

이렇게 인구가 절벽처럼 툭 떨어지는 현상을 일러 '인구절벽'이라고 합니다. 인구 감소는 국가생산력 저하, 고령화사회의 심화, 젊은층의 국민부담률 증가 등 장차 더 큰 사회적 문제를 초래할 일입니다.

인구절벽을 피하려면 결혼과 출산을 긍정적으로 생각하는 사람이 많아야 할 텐데 지금은 그렇지가 못합니다. 그 이유 중 크게 차지하는 부분에 소득불균형과 취업난이 있습니다. 통계청에 따르면 대학을 마친 청년들 중에 약 350만 명이 비경제활동 인구라고 합니다(이 중 실업자 및 취업준비자 약 100만 명). 비경제활동은 쉽게 말해 수입이 없다는 뜻입니다.

소득이 안정되지 못하면 인생 계획을 세우기 어렵습니다. 그 파장 중 하나에 인구절벽이 있습니다. 1990년대 70만 명을 헤아리던 한 해 신생아 수가 2017년 35만 명 대로 떨어졌습니다.

지정학적으로 강대국에 둘러싸인 우리나라는 세계 어느 나라보다 정치의 역할이 중요하다.
ⓒFotolia

소득과 출산율이 연결되어 있다는 것을 보여 주는 증거가 있습니다. 2017년 우리나라 가정의 평균 자녀 수는 1.21명(서울시 여성가족재단 통계)이지만 공무원 가정의 평균 자녀 수는 1.9명(서울신문 기사)이라는 흥미로운 비교치가 있습니다. 예측 가능한 안정된 소득이 2세 본능을 자연스레 유지되게 하는 거죠.

사람은 부모의 헌신으로 자라고 존재합니다. 2세를 낳아 잘 키우는 건 이런 세상 이치에 대한 보은입니다. 그러나 현실은 사람으로서의 가치에 대한 인식조차 흐리게 만들고 있습니다.

취업난이 심하다 보니 좋은 대학을 가기 위한 사교육, 취업을 위한 해외연수 등 이른바 '스펙 쌓기'가 성행합니다. 그러나 이런 기회조차 가질 수 없는 가난한 사람들이 적지 않고, 이는 빈부 차이에 의한 계층 갈등을 심화시킵니다.

소득불균형은 시급히 개선해야 할 문제입니다. 지금까지 나온 얘기들의 공통된 원인이 되고 있으니까요. 그런데 이게 쉽지 않습니다.

사람들이 선망하는 일자리는 거의 정해져 있습니다. 신입직원 기준으로 1년에 대기업 약 12만 명을 비롯해 공공기관, 금융기관 등을 합해서 16만 명 남짓합니다. 대학을 마치고도 비경제활동 상태에 있는 350만 청년인구에 비하면 너무 적은 숫자입니다.

힌트는 대기업보다 훨씬 많은 중소기업을 좋은 일자리로 만드는 데 있을 것 같습니다. 대기업과 중소기업의 일자리 비율이 12 :

88이라고 합니다. 한 해 대기업의 모집 인원이 12만 명이라면 중소기업은 88만 명이라는 거죠. 그런데 중소기업은 임금이 대기업 임금의 50% 남짓해서 모집을 해도 지원자가 적어 매년 수십만 명의 인력이 부족한 형편입니다.

만약 대기업과 중소기업의 임금 차가 80%까지 좁혀진다면 실업률이 대폭 줄어들 환경입니다.

정부도 이를 해결하고 싶지만 사실 그냥은 답이 안 보입니다. 비결을 찾자면 다른 방식을 모색해야 할 것 같습니다. 하수에게 몇 점을 깔고 두게 하는 바둑처럼 중소기업에 특별한 배려가 따라야 할 것입니다. 강자와 약자를 같은 링에 올리고 공정경쟁을 외치는 건 의미가 없으니까요.

'노블레스 오블리주'라고 하죠. 지위나 자산을 더 많이 가진 사람들이 사회적 약자를 위해 도덕적 의무를 다하는 것을 말합니다. 유럽 국가들은 소득재분배율이 35~45%에 이릅니다. 이는 고소득자일수록 훨씬 더 많은 사회비용(세금 등)을 부담하고 그 돈을 활용해 사회적 약자와의 격차를 줄이는 것을 말합니다. 한국은 유감스럽게도 소득재분배율이 10% 미만입니다.

북유럽 국가의 국회의원들은 관용차 대신 자전거로 출퇴근하고 비서관도 1~2명에 불과해 서류를 직접 작성합니다. 그들은 품격과 검소함과 배려를 리더십의 기본으로 꼽습니다. 국민의 고른 행복을 위해 공직자부터 모범을 보이는 거죠.

우리나라도 달라져야 합니다. 정부, 공공기관, 국회의원 등 세

국회 개원식에서 의원선서를 하는 국회의원들. 정치인은 개인의 성취보다 사회문제 해결에 기여해야 하며, 국민도 그런 정치인을 뽑을 줄 알아야 민주시민이라 할 수 있다.

금을 쓰는 공직자부터 허례허식이 너무 많습니다.

정부와 수백 개에 이르는 공공기관의 씀씀이를 실용적으로 바꾸고, 낭비 요소가 많은 공공사업(사람도 오지 않는 기념관, 테마파크, 축제가 전국 수백 개)을 줄이는 등 정부부터 자세를 달리해야 합니다. 이렇게 아낀 비용을 포함해 기존의 중소기업 지원 정책을 대폭 확대하는 데서부터 길이 열릴 것입니다.

정부는 일자리 창출을 위해 매년 10조 원 이상을 쓴다지만 대개는 1~3년 기간을 정한 지원이어서 단기 효과에 그치는 경우가 많습니다. 이런 비용도 중소기업 쪽의 일자리 질을 높이는 데 쓰는 게 더 가치 있는 지원이 될 것입니다.

또, 너무 낮은 소득재분배율 개선을 위해 선진국들처럼 고소득자에 대한 누진세율(소득을 계단식으로 구분해서 고소득으로 갈수록 조세율을 높이는 것)을 상향 조정해야 합니다. 이를 통해서도 중소기업 발전기금을 더 많이 마련할 수 있을 것입니다.

이렇게 확보한 돈으로 중소기업의 기술 개발을 돕고, 정부 사업에 중소기업이 참가할 때 우대하고, 중소기업 제품의 해외 판로를 적극 주선해 부가가치를 높일 수 있도록 해야 합니다. 지금도 하고는 있지만 실효성이 작습니다. 그동안과는 차원이 다른 중소기업 발전 방안이 필요한 것입니다.

대기업도 태도를 바꿔야 합니다. 그간 대기업은 부품을 공급하는 중소기업들의 납품 가격을 깎으려고만 해 왔습니다. 큰집답게 작은집의 직원들도 임금을 대기업의 80% 수준은 받을 수 있도록 정당한 값을 쳐주는 파트너십을 조성해야 합니다. 이는 공정거래의 새로운 관행을 만드는 일입니다.

중소기업의 활성은 막연한 희망이 아니라 진짜 선진국들이 걸어간 길입니다.

독일은 중소기업이 외부 연구소와 같이 기술 연구를 할 때 비용 100%를 정부가 지원하며, 대기업이 납품가를 깎지 못하도록 중소기업들이 가격을 연대할 수도 있습니다. 독일의 중소기업 임금은 대기업의 85% 수준에 이르며, 대기업의 고임금자는 40%가 넘는 세금을 내야 해서 실질 소득에는 별 차이가 없습니다.

이런 환경을 선도하고 지원하는 데 앞장서야 할 사람이 바로 정치인들입니다. 그러자면 정치인부터 노블레스 오블리주를 실천해야 합니다.

중소기업의 역량을 꾸준히 강화시켜 임금이 대기업의 80%에 이른다면 많은 변화가 일어날 것입니다. 중소기업에 입사하는 사람이 늘어나 실업률이 대폭 낮아지겠죠. 관건은 일자리의 수가 아니라 일자리의 질이니까요.

일자리에 대한 선택 폭이 넓어지면 사교육을 받아서라도 굳이 명문대에 들어가려 하는 풍조도 점차 사라질 것입니다. 국가적 문제인 출산율, 과도한 사교육비, 취업난, 계층 간 갈등……. 이는 결국 소득불균형 개선과 함께 풀려 나갈 일들입니다.

이와 같은 얘기를 싫어하는 사람들도 있습니다. 이른바 보수기득권층입니다. 보수 하면 흔히 변화보다는 기득권을 유지하려는 태도를 보이곤 하는데 이는 진정한 보수가 아닙니다.

보수주의의 상징과도 같은 영국 보수당은 19세기 산업화 이후 빈부 격차가 심해지자 앞장서서 약자에 대한 배려를 강조했습니다. "오두막이 행복하지 않으면 궁전이 행복하지 않다."면서 가난하고 늙고 병든 사람들을 위한 복지정책의 틀을 만든 것이 보수당입니다. 이쯤은 되어야 보수인 것입니다.

어느 사회든 빈부 차이를 다 해소할 수는 없겠지만 소득불균형을 방치한 채 국민 행복을 달성한 나라는 없습니다. 우리나라에서 생겨난 흙수저, 금수저 같은 말은 바로 이 불균형에 대한 목마른

우리가 가꾸어 가야 할 대한민국!

외침입니다.

국가는 국민들이 고루 기회를 누리는지, 불공정한 부분은 없는지 찾아내고 보완하는 역할을 해야 합니다. 또, 그런 나라가 좋은 나라입니다.

인구절벽과 실업 문제는 나라를 서서히 죽게 하는 암과 같은 적입니다. 정치인들부터 나서서 강자들을 설득하고 필요하다면 새로운 법안을 도입해서라도 소득불균형을 개선해야 합니다. 앞서 말한 유럽 국가들의 높은 소득재분배율은 저절로 이루어진 게 아니라 사회적 합의의 결과일 것입니다.

정권을 쟁취하는 게 정치의 목표라고 했지만, 그 목적은 국민 행복을 달성하는 것을 전제로 해야 합니다. 그래야 좋은 정치라고 할 수 있습니다. 국민도 그렇게 올바른 안목으로 정치를 하는 사람들을 잘 골라서 뽑아야 합니다. 그러기 위해서라도 정치에 대한 식견을 키워야 하는 것입니다.

참고한 자료

《서양사총론》(차하순, 탐구당)

《신중국사》(존 킹 페어뱅크・멀 골드만, 까치)

《총균쇠》(재레드 다이아몬드, 문학사상사)

《중동의 역사》(버나드 루이스, 까치)

《중국사 다이제스트 100》(안정애, 가람기획)

《중학생을 위한 사회 용어사전》(임성재, 신원문화사)

《시사상식사전》(박문각)

《쉽게 이해하는 중국문화》(김태만 외, 다락원)

《한국민족문화대백과》(한국학중앙연구원)

《제왕열기》(F.E.A.R, 들녘)

《두산백과》

나무위키

네이버 지식백과

조선일보, 중앙일보, 서울경제 등 기사자료

그 외